I0477477

SEJA FODA EM CONCURSOS PÚBLICOS

Fabio Silva

SEJA FODA EM CONCURSOS PÚBLICOS

Como se tornar um concursado em pouco tempo

Fabio Silva
© Todos Direitos Reservados

CASA DO
ESCRITOR

São Paulo
2018

Seja Foda em Concursos Públicos
Como se tornar um concursado em pouco tempo
de *Fabio Silva*

Editor
Eldes Saullo

Revisão
Allana Jéssika Santos Souza

Diagramação e Projeto Gráfico
Casa do Escritor
casadoescritor.com.br

Dados Internacionais de Catalogação na Publicação (CIP)

S586s   Silva, Fabio
Seja Foda em Concursos Públicos – Como se
tornar um concursado em pouco tempo
1. Ed. – São Paulo-SP: Publicação
Independente / Casa do Escritor, 2018
ISBN 978-1791979423
1. *Educação* 2. *Escolas e institutos de formação*
profissional. Titulo.
CDD 370 CDU 377

Reservados todos os direitos. Nenhuma parte desta obra poderá ser reproduzida por fotocópia, microfilme, processo fotomecânico ou eletrônico sem permissão expressa do autor.

Agradecimentos

Quando começo a pensar em todas as pessoas às quais gostaria de expressar minha gratidão para tornar este livro uma realidade, a lista seria enorme, mas ele nunca teria sido construído sem o apoio da minha esposa Anne Louise pois, com você meu amor, entendi que ao lado da pessoa certa, é mais fácil alcançar os objetivos.

Também não poderia deixar de citar professores que fazem parte da minha família, que sempre estiveram junto comigo desde o início da minha trajetória como professor de cursos preparatórios para concursos como Ivo Martins, Fernando Bezerra, Edson Botelho, Ricardo Gastone e Leandro Moreira.

E, por último, mas não menos importante, meus pais, Raimundo Silva e Dulcimar de Oliveira Martins, pessoas que sempre me incentivaram a vencer na vida através dos estudos e principalmente a obrigação de ajudar o próximo.

Dedicatória

À uma princesinha chamada Valentina, que com a sua chegada em minha vida, inspirou-me a contribuir para todos aqueles que desejam vencer na vida através dos seus próprios méritos. Este é o maior ensinamento que quero deixar para você.

Sumário

INTRODUÇÃO

Qual a fórmula para alcançar a aprovação em um concurso público?

Várias pessoas pagariam milhares de reais para descobrir este grande mistério. E é neste livro, utilizando a minha experiência de mais de 10 anos com preparação para concursos públicos, que repassarei um passo a passo do que você deve fazer para lograr aprovação no concurso público dos seus sonhos.

Cada capítulo traduz um ponto que você concurseiro precisa potencializar na sua preparação, 90% dos meus alunos conseguiram resultados surpreendentes utilizando algumas dessas técnicas. No último concurso público do Tribunal Regional Federal da 1ª Região foram 116 aprovações, Universidade Federal do Amazonas aprovamos para alguns cargos o 1º. e o 2º. lugar, sem falar inúmeros outros concursos públicos.

Posso imaginar que você deve estar completamente ansioso para mergulhar nos próximos capítulos, assim como eu estou ansioso para ver você sendo transformar em uma pessoa totalmente diferente daquela que está lendo esta introdução.

A maior motivação para escrever este livro, foi a possibilidade de transformar a vida das pessoas, fazer com que elas entendam que podem construir um novo futuro, que não existe carma ou destino, a vida delas e a sua vida depende apenas daquilo que você determina que conquistará.

Confesso que ouço muito comentários como: "Aprovação em concurso público é para poucos iluminados, será que é para mim"; "Aprovação em concurso público é sorte"; "Tal concurso público é impossível para mim".

Outro problema que notei são vários concurseiros completamente perdidos, sem a mínima noção do que precisam fazer para competir de verdade a uma vaga.

Acontece que estudar sem técnica é como estudar na escuridão, sem ter um norte definido ou estratégias efetivas fica praticamente impossível conquistar o objetivo estabelecido.

Para solucionar todas estas problemáticas enfrentadas por vocês concurseiros, resolvi escrever este livro, de modo a proporcionar uma metodologia de estudo diferente, com tudo que você deve saber para conquistar a aprovação.

Vamos juntos construir um novo futuro rumo à sua aprovação.

CAPÍTULO 1
O PERFIL DISC

Ao longo do tempo, vamos construindo nossa personalidade de modo que ela definirá nossas ações. Assim, de acordo com o que sentimos, cremos ou fazemos é possível estabelecer metodologias de estudos que se adequem ao que realmente somos.

Neste capítulo, aprenderemos sobre a Teoria DISC, elaborada por William Moulton Marston no ano de 1928, que estabelece tipos de Perfis Comportamentais. A compreensão correta destes perfis pode ajudar o concurseiro em sua rotina de estudos, bem como, acelerar seu processo de aprovação em concursos quando aplicada corretamente.

Devemos começar este capítulo com as seguintes perguntas:

Quais os maiores problemas que te acompanham durante a sua preparação para concursos públicos?

Qual o motivo de algumas pessoas gostarem de aulas presenciais e outras de videoaulas?

Por que existem pessoas que gostam de estudar sozinhas e outras em grupo?

Por que existem pessoas tão motivadas e empolgadas e outras desanimadas e medrosas?

O primeiro passo para enfrentarmos a caminhada rumo à aprovação é nos conhecermos e nos aceitarmos. O que estou propondo neste capítulo é um olhar para dentro de você, aqui você irá aprender a identificar as suas principais forças e fraquezas e como é possível desenvolver as suas melhores habilidades.

Em toda a minha trajetória como professor em cursos preparatórios para concursos públicos, consegui visualizar 3 grupos de concurseiros que podem ser classificadas como:

Pessoas com quase nenhum autoconhecimento e pouco conhecimento: nesta categoria dificilmente o concurseiro alcançará a aprovação, pois, no que diz respeito ao autoconhecimento, ele não terá forças suficientes para enfrentar toda a pressão da preparação e dia D (dia da prova). Assim como, em relação ao baixo nível de conhecimento, colocará na sorte o fato de acertar ou errar as questões.

Pessoas com bastante autoconhecimento, mas baixo conhecimento: estes concurseiros estão até no caminho certo, faltam corrigir alguns detalhes na sua aprovação, justo por isso possuem níveis medianos de sucesso nas provas, nunca o necessário para alcançar a aprovação dentro do número de vagas do edital.

Pessoas com altos níveis de autoconhecimento e muito conhecimento adquirido: estes são os chamados concurseiros *"nível hard"*, são aqueles indivíduos que passam em qualquer concurso que se dispuserem a prestar. Sabem exatamente o que devem fazer para chegar ao alto nível de desempenho.

O que procuro alerta-lo é que o autoconhecimento é a chave para você adquirir melhores resultados com menor nível de stress possível. Portanto, o autoconhecimento é a chave para a sua aprovação e consequentemente, o sucesso na carreira escolhida.

Entendendo a Teoria de DISC

Tudo começa com William Moulton Marston, nascido em 9 de maior de 1983, na cidade de Cliftondale, Massachusetts, é considerado o pai da TEORIA DISC. Estudou Psicologia em Harvard e em seis anos, tornou-se Ph. D. em psicologia.

Considerado um dos maiores especialistas em comportamento humano, Marston publica, em 1928, seu livro "As emoções das pessoas normais" trazendo a origem da Análise comportamental D.I.S.C.

Para Marston todas as pessoas do mundo vão se encaixar em 4 perfis comportamentais:

**DOMINÂNCIA,
INFLUÊNCIA,
CAUTELA e
ESTABILIDADE.**

Em sua teoria, Marston procura convencer as pessoas de que algumas emoções que sentem é normal e estão ligadas ao seu perfil, o problema é que muitas delas criam uma convicção interna de anormalidade, sempre se comparando aos outros.

Minha função é ajudar vocês, com base na teoria DISC, a aceitarem-se como são em sua normalidade, fazendo com que possam atingir a máxima eficiência sem muito stress, raiva ou medo.

Esta teoria é extremamente utilizada dentro da área de Recursos Humanos para que pessoas certas sejam contratadas para os lugares certos.

Vou apresentar as características de cada perfil, sendo seu papel fazer uma autorreflexão e tentar descobrir qual ou quais, perfil ou perfis, tem mais ligação com você. Vamos potencializar o que você tem de ponto forte e exterminar os pontos fracos.

Primeiramente um aviso importantíssimo: **não existe perfil bom ou ruim, todos possuem seus pontos fortes e fracos**. Não fique triste por possuir determinado perfil e querer outro.

Outra coisa, é possível que você mude de perfil conforme as situações da vida cotidiana (casa, trabalho, escola, faculdade, amigos etc), ou seja, em determinada situação você pode possuir um Perfil Dominante e em outra, Cauteloso.

Para começarmos, vou dar um exemplo simples, um marido no trabalho é extremamente dominante, gosta de mandar, gritar e só vive estressado, mas em casa com sua esposa é totalmente cauteloso, fica calado, obedece suas ordens etc.

PERFIL DA DOMINÂNCIA

Pessoas com este perfil possuem um sentimento de explosão, muita energia, são extremamente focadas em remover obstáculos e obstinadas pelo objetivo traçado. São os alunos mais focados da turma, são proativos, determinados, esforçados e extremamente focados no resultado.

Concurseiros dominantes são focados na *lógica, no desafio, ritmo rápido, dinamismo, audácia e superação de obstáculos até atingir seus resultados.*

Quando identifico um aluno com este Perfil Dominante, sei exatamente como devo trabalhar com ele, busco desafiá-lo, testá-lo, incentivá-lo, pois concurseiros dominantes gostam disso e se sentem cada vez mais motivados.

Entretanto, quem se identificou com algumas dessas características possui as algumas emoções negativas que atrapalham muito seu desempenho. São elas:

Raivoso

Para o dominante, existe muitos "altos e baixos" em seu humor, tem dias que ele vai estar bem, em outros mal-humorado e até mesmo, rabugento.

Nervoso

Quando alguma coisa ou alguém atrapalha seus planos, geralmente fica estressado não sabendo lidar com a situação.

Brusco

Pessoas com nível muito alto de dominância são chamados de "grossos", ou seja, mal-educados.

Sem tato

Com o dominante não existe negociação, tudo tem que ser da forma que ele quer e ponto final. Às vezes, tentamos mostrar uma outra forma de estudos, mas relutam em manter procedimentos com baixo rendimento.

Ditatorial

Gosta de dar ordens, acha que todos estão abaixo dele, mas não aceita receber ordens.

Egoísta

Só pensa em si, até participa de grupos de estudo, mas o foco sempre é pessoal e nunca ajudar o grupo.

Vou dar um exemplo, tenho um aluno, extremamente dominante que iniciou a preparação para determinado concurso público em outro Estado, quando o questionei como ficaria a situação de sua esposa e filha, ele respondeu: sabia que não tinha pensado nisso, mas se eu passar, elas vão ter que mudar de cidade comigo.

Este é um pensamento típico do dominante, ele não pensou na mulher ou na filha, somente nele mesmo mediante a situação apresentada.

Agressivo

Quando questionado pode se tornar agressivo justamente por ter uma característica ditatorial em seu perfil.

Impaciente

Pessoas com o Perfil Dominante são muito impacientes, ficam nervosas com outras pessoas ao seu lado que são mais tranquilas ou calmas. Em virtude desta impaciência, estas pessoas não focalizam muito em detalhes, geralmente seus resumos de estudo, são resumos mesmo, ou seja, curtos e grossos.

Visionário com metas não realistas

Este é um problema muito sério para os concurseiros dominantes, geralmente traçam metas que não podem alcançar por alguma condição que os impedem e que não conseguem mudar.

Vou dar um exemplo, tenho uma aluna dominante que deseja passar no concurso público da Polícia Federal, mas tem um problema muito sério com a balança, inclusive ela mesma sabe que na atual situação em que ela se encontra não lograria aprovação na prova física, considerada uma das mais difíceis de todas as provas da carreira policial.

Quer mudar o mundo e as pessoas ao seu redor

Para o Perfil Dominante, apenas a opinião dele é a que importa e ele fará de tudo para que pessoas ao seu redor mudem o seu pensamento.

Parece sempre estar com pressa

Pessoas com o Perfil Dominante, por serem muito focadas parecem sempre atrasadas para algum compromisso.

Falastrão

Em grupos só se ouve a voz do dominante, geralmente é o que fala mais alto e deseja impor sua opinião.

Questionador

Por acreditar que sabe muito a respeito de tudo, é um perfil sempre do contra.

Diz o que pensa

Sinceridade é uma dádiva assim como uma falha para o dominante, uma vez que ele fala muitas coisas sem pensar e acaba, por vezes, se arrependendo do que falou.

Interrompe os outros

Por sem impaciente, egoísta e por vezes incompreensivo, o perfil dominante está sempre com pressa e geralmente interrompe os outros durante uma conversa.

Dificuldade para terminar projetos

A principal virtude do dominante é iniciar projetos, porém, não possui a mesma virtude para termina-los.

O que fazer se você tem o Perfil Dominante

Como já foi dito, nenhum perfil é ruim, possuindo características boas e ruins. Assim, caso você tenha se identificado com algumas características citadas acima, vou listar exatamente o que você deve fazer para potencializar seus estudos.

1) Diminua o seu ritmo, seja mais paciente e tranquilo. Você deve estudar com qualidade e não velocidade. Como conselho, sugiro que coloque no seu local de estudos a frase: *"Estudar com qualidade e não com velocidade."*

2) Não tire conclusões ou decisões de forma apressada. Pense primeiro. Faça uma boa análise de

suas ações durante os eventos cotidianos para entender quais decisões devem ser tomadas.

3) Escute mais os outros. Entenda que ninguém passa em concurso público sozinho e sempre alguém deve ter uma dica ou orientação que pode ajudar você em alguma situação. Compreenda que você péssimo ouvinte, sendo necessário melhorar neste aspecto para melhorar sua rotina de estudos. Pare e ouça mais as pessoas.

4) Quando traçar um planejamento, procure cumpri-lo até o fim. Você é ótimo para iniciar projetos, mas péssimo para terminá-los. Se esforce ao máximo para terminar aquilo que começo.

5) Não faça muitas atividades repetitivas. Procure sempre variar a sua forma de estudar, por exemplo, geralmente concurseiros dominantes não gostam muito de videoaulas, pois ficam entediados, minha sugestão é migrar para cursos presenciais. Sempre procure conciliar o estudo da teoria com a resolução de questões.

7) Entenda que para você passar em um concurso público deverá estudar todas as disciplinas e não apenas algumas. Para que você possa ter um conhecimento amplo do concurso que quer prestar e aumentar as suas chances de ser aprovado, é preciso

que você se empenhe em desenvolver hábitos que visem entender toda a matéria disposta em edital.

PERFIL DA INFLUÊNCIA

Os influentes são aquelas pessoas amigáveis, engraçadas e estimulantes, são motivadoras naturais, pois são perfeitas para amizades. *Falam muito e gostam de estar perto de outras pessoas. Também são muito comunicativos.*

Tive uma aluna que identifiquei possuir o Perfil da Influência, ela tinha todo o tempo do mundo para estudar, inclusive alugou uma cabine de estudos para passar o dia estudando, acontece que passava mais tempo conversando na lanchonete do que propriamente estudando os assuntos do edital. Indiquei para que ela estudasse em grupo, pois pelo seu perfil ela odiava estudar sozinha. Pronto foi um verdadeiro sucesso e hoje ela é concursada.

Contudo, nem tudo são flores na vida dos influentes, pois possuem alguns pontos negativos que precisam de atenção. Vou citar alguns deles logo abaixo.

É amigável demais

Ao contrário do Perfil Dominante que é egoísta, o influente é muito solidário e empático. Muitas vezes o influente prefere ajudar uma outra pessoa do que a si mesmo.

Fala muito

É uma característica compartilhada com o Perfil Dominante. Geralmente, o concurseiro influente é um péssimo ouvinte, pois eles gostam de falar, estão sempre prontos esperando as outras pessoas darem uma pequena pausa para falar alguma coisa. Tem a mania de interromper as outras pessoas não deixando concluir seu raciocínio. Por não saber ouvir, os influentes costuma fazer as mesmas perguntas muitas vezes.

Pula de assunto para assunto

Outra característica dos influentes é mudar de assunto a todo instante, em um momento estão falando de alguma disciplina, depois pulam para problemas pessoais, política, futebol, novela etc.

Adora falar de si mesmo

Resistente à críticas, o perfil influente gosta de expor sua vida em vários aspectos, mas não gosta de ouvir a opinião alheia, mas adoram um bom elogio.

Altamente otimista

Ser muito otimista é negativo, o ideal mesmo é um meio termo entre otimismo e pessimismo. Para os influentes, mesmo que as coisas estejam fora dos eixos, insistem em acreditar que via dar certo.

Não focaliza muito em detalhes

O influente tem um problema sério com praticar atos complexos que requerem uma atenção e concentração maiores.

Tenta ser organizado

O influente não está atento em organização do tempo, às vezes até tenta se organizar por meio de agendas ou aplicativos, mas não consegue por muito tempo. Conheço vários alunos que compraram agendas para controlar sua rotina, mas não conseguem segui-las por muito tempo.

Dificuldade com o tempo

O influente perde tempo importante com outras situações, principalmente conversando com pessoas, com gato, cachorro, peixe ou pedra. Posso garantir que o maior concorrente do concurseiro influente são as redes sociais, muitos inclusive, sentem a necessidade de expor suas vidas minuto a minuto.

Mantém distância de assuntos difíceis

Como o influente não foca muito nos detalhes e não aprofunda os estudos, ele prefere fugir de assuntos mais complexos. Questões mais simples ele consegue acertar, mas aquelas mais complexas são sua maior dificuldade.

O que fazer se você tem o Perfil de Influência

Bom, caso você tenha se identificado com o Perfil de Influência, posso ajudar a melhorar sua performance, basta seguir as instruções abaixo:

1) Fale menos e escute mais. O ideal é que você procure ser mais contido nos comentários.

2) Aprenda a estudar sozinho. Sei que você que se identificou como influente e adora estudar em grupos, mas você também precisa saber andar com

as próprias pernas e estabelecer horários somente seus para um estudo de qualidade.

3) Não reaja emocionalmente. Tente utilizar mais o seu lado racional para decidir as coisas.

4) Evite promessas que não possa cumprir. Isso evitará que você fique frustrado e deixe outras pessoas desapontadas, toda vez que não desempenha a função para qual se candidatou.

5) Se mantenha mais focado nos detalhes. Isso te ajudará a resolver questões complexas e amplas com mais facilidade.

6) Faça acompanhamento. Adquira uma agenda. Faça planejamentos diário, semanal e mensal, estabeleça uma rotina na qual você possa se adequar.

7) Crie prioridades. Elas podem orientá-lo no caminho que você deseja seguir.

8) Estude em grupos para alavancar seu desempenho. Você deve ter momentos para estudar sozinho, no entanto, nada impede que o seu desempenho aumente ao estudar em grupos.

9) Saiba dizer não para os outros e para si mesmo. Isso vai ajuda-lo a desenvolver e cumprir as suas metas de forma mais rápida.

PERFIL DA ESTABILIDADE

Pessoas com o Perfil da Estabilidade *estão focadas em rotinas, podemos chamá-los de metódicos, pois possuem regras e procedimentos internos difíceis de mudar*, justo por isso, odeiam mudanças e demoram muito para tomar decisões. São extremamente pacientes, amáveis e bons ouvintes.

Altamente pensativo, empático e orientado para tarefas e rotinas de estudos, quando devidamente encaixadas, fazem com que este perfil adquira um alto desempenho.

Seu maior ponto forte: organização. Os estáveis são muito organizados, tanto no quesito objetos, como com o que será estudado dia a dia, o grande problema é que são muito detalhistas e acabam se atrapalhando com a administração do tempo.

Seus principais defeitos em relação aos estudos são:

Dificuldade para estabelecer prioridades

Concurseiros com o Perfil Estável possuem dificuldades em estabelecer quais matérias precisam dar mais atenção para que possam alcançar melhores notas.

Odeia mudanças

Pessoas com este perfil possuem sérias dificuldades em se readequar sua rotina em situações que fogem ao seu controle.

Odeia incerteza e variação

O perfil Estável adora uma boa rotina e de fato, não gosta de abrir mão dela.

Frustrado

Pelo fato de ser muito organizado, o Estável se frustra todas as vezes que uma situação foge ao seu controle.

Descontente

Pessoas com este perfil nunca estão contentes com os resultados que já obtiveram, pois, ao menor de sinal de mudança do cronograma, acreditam que falharam.

Inexpressivo

Não gostam de falar de si mesmos, não são comunicativos, trabalham em prol ao cumprimento do que foi planejado.

Pensador demais

Pessoas com este tipo de perfil adoram planejar as coisas e replanejá-las em sua mente para que tudo saia conforme desejaram.

Varia muito de humor

Estão muito satisfeitas quando tudo sai dentro do cronograma, mas ao menor passo de mudança dele, se chateiam muito por isso.

Nível altíssimo de ansiedade

O Perfil Estável por desejar que tudo saia conforme planejou, se sente mais ansioso por isso.

O que fazer se você tem o Perfil da Estabilidade

Meu conselho para você que se identificou com as características acima apontadas para potencializar seus estudos é:

Seja mais assertivo e ativo. Não é preciso planejar tudo a todo momento, desenvolva as suas ações conforme o dia corre e as coisas acontecem.

Fale mais, não guarde seus sentimentos. Isso vai permitir que você consiga ter boas relações com as pessoas fazendo com que elas o ajudem naquilo que for necessário.

Aja agora, pense menos. Isso faz com que você procrastine decisões importantes em sua vida por conta de uma falta de organização que você inventou em sua mente.

Mantenha suas emoções sob controle. Se algo dentro do que você estabeleceu está dando errado, não se irrite, apenas ache outra forma de realizar aquilo que planejou.

Não tenha receio de mudanças e coisas novas. As mudanças são algo bom em nossa vida, quando você sai do comodismo e se permite entrar em algo novo, você dá chance para coisas incríveis acontecerem em sua vida.

Não se preocupe com o futuro. O agora é o maior presente que você pode ter, por isso, aproveite-o com todas as suas forças.

PERFIL DA CAUTELA

Uma pessoa com perfil cauteloso, possui como principal característica a *perfeição, orientando as regras, sendo muito preciso, lógico e cuidadoso.* Tudo é feito com extremo preparo e cuidado, no caso dos concurseiros, fazem resumos dignos de uma publicação em editoras de tão perfeitos e detalhados.

Claro que nem tudo são flores na vida do concurseiro cauteloso, trata-se de uma pessoa medrosa, com fortes problemas emocionais, uma vez que não expõe suas emoções.

São problemas enfrentados pelos concurseiros cautelosos:

Frieza

Não conseguem ser empáticos e muitas vezes são confundidos com pessoas frias.

Timidez

Não conseguem falar em público ou estabelecer relações em grupos muito grandes.

Desobediente e Teimoso

Pessoas com o Perfil da Cautela fazem de tudo para que seus trabalhos sejam perfeitos, mesmo que para isso tenham desobedecer as regras e insistirem que estão certos.

Independente

Não gostam de pedir ajuda por acreditam que é somente através de sua ação que serão capazes de um produto com resultado final perfeito.

Dogmático

Não conseguem superar suas crenças e aceitar outras opiniões sobre determinado assunto.

Medo de errar

Obcecados pela perfeição, os cautelosos possuem muito medo de serem reprovados em quaisquer aspectos de suas vidas.

Pessimista

Acreditam que por mais perfeito que é o seu trabalho, este nunca estará o suficientemente perfeito. Assim como, por mais que estudem, nunca estarão prontos para enfrentar um concurso público.

Sem expressão

Não conseguem ser espontâneos com as pessoas ao seu redor, e são definidos como pessoas que não demonstram seus sentimentos.

O que fazer se você tem o perfil da Cautela

Caso você tenha se identificado com este perfil, podemos potencializar seus estudos caso você:

Fale mais. Aos expressar suas dúvidas, anseios e sentimentos para as outras pessoas, será mais fácil delas entenderem o que você deseja, e assim permitir que o seu trabalho seja digno daquilo que você acredita que seja perfeito.

Decida e entrar em ação mais rapidamente. Muitas vezes uma pessoa cautelosa deixa de arriscar pelo medo do fracasso e isso faz com que ela perca chances incríveis na vida.

Aceite a ambiguidade. Você já ouviu a frase de que "Na natureza nada se cria, tudo se copia". Por mais que você tente ser perfeito e autêntico, sempre existirá alguém melhor do que você, ou que já pensou algo parecido, e isso não é ruim, só mostra que somos seres humanos em constante evolução.

Seja confiante. Você sabe que deu o seu melhor, por isso é preciso dar tempo para que as coisas comecem a acontecer em sua vida.

Pronto concurseiros, espero ter conseguido repassar um pouco do que vem a ser os 4 perfis de concurseiros: Dominante, Influente, Estável e Cauteloso. Caso você tenha se identificado com um único perfil, parabéns. Porém, nada impede que você tenha se identificado com dois ou três, ou até mesmo os 4 perfis.

Definindo o que cada perfil necessita

Agora, vou propor um exercício que pode ter ajudar na definição do que seu perfil necessita, para tanto, realize as seguintes tarefas:

1) Defina qual (quais) perfil (is) você se encaixa melhor. Lembrando que você pode se encaixar em mais de um perfil, isso é normal.

2) Definido seu perfil, vá até a tabela correspondente e na primeira coluna do seu perfil, escolha as características que mais você possui e na segunda as características que mais vão ajudar você a alcançar a aprovação no concurso público dos seus sonhos.

3) Depois liste em uma coluna o que mais você deseja possuir e na outra aquilo que deseja eliminar da sua vida e coloque no seu local de estudos para que a todo momento você lembre desta tabela.

PERFIL DOMINANTE

POSSUI TAIS CARACTERÍSTICAS	DEVE PROCURAR TER TAIS CARACTERÍSTICAS
Egocêntrico	Assumir riscos calculados
Direto	Autocrítico
Ousado	Despretensioso
Dominador	Discreto
Exigente	Realista
Enérgico	Pesar os prós e contras
Disposto a correr riscos	Manso
Aventureiro	Conservador
Mandão	Pacífico
Decisivo	Maleável
Curioso	Calma
Autoconfiante	Incerto
Competitivo	Dependente
Rápido	Modesto
Seguro de Si	Aceitar opinião contrária
Ótimo para iniciar projetos, mas não para concluir.	Comece a terminar o que iniciou

PERFIL INFLUENTE

POSSUI TAIS CARACTERÍSTICAS	DEVE PROCURAR TER TAIS CARACTERÍSTICAS
Entusiasta	Convincente
Social	Observador
Persuasivo	Seletivo
Impulsivo	Ponderado
Emocional	Objetivo
Oferecido	Lógico
Confiante	Controlado
Influente	Recatado
Agradável	Desconfiando
Sociável	Pessimista
Generoso	Distante
Equilibrado	Retraído
Encantador	Inibido
Seguro	Contido

PERFIL ESTÁVEL

POSSUI TAIS CARACTERÍSTICAS	DEVE PROCURAR TER TAIS CARACERÍSTICAS
Passivo	Versátil
Paciente	Extrovertido
Leal	Alerta
Previsível	Entusiasmado
Pessoa de Equipe	Crítico
Calmo	Contente
Possessivo	Voltado para mudanças
Complacente	Espontâneo
Ocioso	Tomar decisões rápidas
Tranquilo	Ser mais ativo
Inexpressivo	Energético
Prudente	
Amigável	
Não gosta de mudanças	

PERFIL CAUTELOSO

POSSUI TAIS CARACTERÍSTICAS	DEVE PROCURAR TER TAIS CARACTERÍSTICAS
Perfeccionista	Extrovertido
Preciso	Contente
Descobridor de fatos	Amigável
Diplomático	Menos Sistemático
Sistemático	Menos Manias
Convencional	Energético
Cordialmente	Rápido
Cuidadoso	Sempre iniciar novos
Contido	projetos
Cheio de manias	Ser mais ativo
Analítico	
Sensível	
Maduro	
Calmo demais	
Rebelde	
Independente	
Teimoso	
Persistente	

QUERO SER MAIS
/ QUERO ELIMINAR DA MINHA VIDA

SER MAIS *COLOQUE DE ACORDO COM SEUS PERFIS (PODE SER MAIS DE UM)*	ELIMINAR *MARQUE AQUILO QUE VOCÊ NÃO DESEJA POSSUIR*

CAPÍTULO 2
CRENÇAS

As crenças tem uma enorme influência sobre as decisões que iremos tomar ao longo da vida. No entanto, muitas delas são prejudiciais para o nosso desempenho. Neste capítulo você irá aprender sobre as crenças limitantes e as crenças fortalecedoras e como a superação de crenças ruins pode fazer com que você se sinta mais determinado e forte para concluir uma meta estabelecida.

Crenças são verdades psíquicas reais ou imaginárias em que o sujeito acredita consciente ou inconscientemente como verdade absoluta para a sua vida. As crenças podem ser divididas em *dois tipos*, a primeira são as *limitantes,* pensamentos negativos que minam o potencial do concurseiro, causando bloqueios mentais que o impedirão de progredir na vida, a segunda categoria são as crenças *fortalecedoras*, pensamentos positivos que motivam o concurseiro a batalhar com determinação em busca de seus objetivos.

No mundo dos concursos públicos e com uma experiência de mais de 10 anos de trabalho com concurseiros dos mais variados tipos e perfis, posso listar as *crenças limitantes* que mais atrapalham aqueles que estão nesta vida:

1) Não sei se consigo, nada dá certo para mim.

2) Tudo para mim é mais difícil.

3) Nunca acabo o que começo.

4) A vida é tão difícil para mim, não sei se consigo alcançar a aprovação.

5) Não estou preparado para este concurso público ainda.

6) Não aguento mais esta vida de concurseiro.

7) No próximo concurso público se eu não passar vou desaparecer.

8) Só alcança a aprovação quem é inteligente e eu não sou tanto.

9) Tenho dificuldade para memorizar os assuntos.

10) A disciplina _____ é tão complicada/difícil. Sou muito ruim nela.

11) Do que adianta estudar tanto se não acerto nada no dia da prova.

12) Não sou bom o suficiente.

13) Não vou conseguir.

14) Não vai dar certo.

15) Não tenho tempo para estudar.

16) Não sou capaz.

17) Não sei se consigo para este concurso, apesar de ser o que mais eu desejo.

18) Esta banca é tão difícil.

19) É muita disciplina. É muito assunto.

20) É pouco tempo do edital para a prova.

21) São poucas vagas, não sei se consigo chegar perto do número de vagas.

22) Não tenho paz para os estudos.

23) Não tenho disposição para os estudos.

24) Não tenho recursos financeiros para passar neste concurso público.

25) Não sei se consigo é tanta concorrência.

26) Este edital não tem nem previsão.

Posso garantir que se você concurseiro quer saber como será o seu futuro, basta analisar o que você anda pensando.

Você com certeza deve ter se identificado com uma ou mais frases acima que a sua mente produz, principalmente em momentos de estresse. Tais pensamentos te limitam e uma mente limitada tornará seus resultados limitados.

Minha missão neste livro é ensinar você a domesticar a sua mente em busca dos seus objetivos, quero propor uma vida com todos os seus talentos aflorados. Muitos concurseiros não acreditam que podem passar em qualquer concurso público, basta se livrar desses pensamentos negativos e limitadores.

Acontece que mudar estes pensamentos negativas da sua mente, que atrapalham e muito a sua vida de concurseiro, não será tarefa fácil, posso dizer que vai doer literalmente.
Na realidade, não vamos conseguir apagar estes pensamentos negativos, pois eles sempre vão surgir em nossa mente, mas ao final deste capítulo vou te ensinar a diminuir o aparecimento deles na sua cabeça.

Mas antes de continuar preciso fazer uma pergunta:

O que você deseja fazer depois de descobrir que o seu maior inimigo são as crenças limitantes que você possui na sua mente?

Possíveis respostas:

Permanecer o mesmo. (Se essa for sua resposta, então, pule para o próximo capítulo.)

Reinventar-se e voar mais alto. Opa, então vamos juntos, pois quando estamos inspirados por um grande propósito, todos os nossos pensamentos ultrapassam seus limites, nossa mente transcende suas limitações, nossa consciência se expande em todas as direções e nos encontramos num mundo novo, grande e valioso.

Para explicar de forma simples e direta como vamos alcançar a mudança em nossa mente, transformando pensamentos negativos em pensamentos positivos, quero falar um pouco da pessoa que mostrou possuir uma das mentes mais fantásticas de nossa era, Nelson Mandela.

Nelson Mandela passou 27 anos na prisão, vários de seus colegas de cela viviam se lamentando ou se colocando como vítima. Mas, enquanto seus colegas estavam sucumbindo em tristeza e dor, Nelson se preparava para o futuro: ser presidente da África do Sul, aprofundou-se em Direito internacional e Direito Penal e muitas outras matérias. Muitos colocavam ele para baixo dizendo: *"Mandela – daqui você não vai para a presidência e sim para o cemitério."*

Sabe o que aconteceu? Foi eleito o primeiro presidente negro da África do Sul, governando de maio de 1994 a junho de 1999 e conduzindo com sucesso a reunificação pacífica e democrática de um país estilhaçado pelo racismo.

Fiel à sua promessa, deixou o cargo após um mandato como presidente, voltando-se para causas de diversas organizações sociais e de direitos humanos. Continuou trabalhando com a Fundação Nelson Mandela e o Fundo Nelson Mandela para as Crianças.

Depois de um exemplo de superação e sucesso vamos entender como mudar a nossa mente.

Como mudar a forma de pensar

Primeiramente entenda que as mudanças devem ocorrer de dentro para fora, pois vamos entrar em uma guerra mundial dentro da sua mente contra os pensamentos negativos que estão implantados.

Vamos fazer um exercício que ajudará a limpar da sua mente destes pensamentos negativos. Siga os passos conforme as orientações:

PASSO 1: Assinale os padrões linguísticos negativos que mais você pensa ou fala:

1) Não sei se consigo, nada dá certo para mim.
2) Tudo para mim é mais difícil.
3) Nunca acabo o que começo.
4) A vida é tão difícil para mim, não sei se consigo alcançar a aprovação.
5) Não estou preparado para este concurso público ainda.
6) Não aguento mais esta vida de concurseiro.
7) No próximo concurso público se eu não passar vou desaparecer.
8) Só alcança a aprovação quem é inteligente e eu não sou tanto.
9) Tenho dificuldade para memorizar os assuntos.

10) A disciplina _____ é tão complicada/difícil. Sou muito ruim nela.

11) Do que adianta estudar tanto se não acerto nada no dia da prova.

12) Não sou bom o suficiente.

13) Não vou conseguir.

14) Não vai dar certo.

15) Não tenho tempo para estudar.

16) Não sou capaz.

17) Não sei se consigo para este concurso, apesar de ser o que mais eu desejo.

18) Esta banca é tão difícil.

19) É muita disciplina. É muito assunto.

20) É pouco tempo do edital para a prova.

21) São poucas vagas, não sei se consigo chegar perto do número de vagas.

22) Não tenho paz para os estudos.

23) Não tenho disposição para os estudos.

24) Não tenho recursos financeiros para passar neste concurso público.

25) Não sei se consigo é tanta concorrência.

26) Este edital não tem nem previsão de publicação.

PASSO 2: A seguir escreva nas linhas as CRENÇAS LIMITANTES que mais te prejudicam, depois em PREJUÍZO, escreva o que estas crenças te limitam ou prejudicam. Veja o Exemplo:

CRENÇA LIMITANTE: Este edital não tem nem previsão de publicação.

PREJUÍZO: Este pensamento me impede de iniciar os estudos para determinado concurso.

1 CRENÇA LIMITANTE

_____

1 PREJUÍZO:

_____

2 CRENÇA LIMITANTE

_____

2 PREJUÍZO:

_____

3 CRENÇA LIMITANTE

_____

3 PREJUÍZO:

_____

4 CRENÇA LIMITANTE

_____

4 PREJUÍZO:

_____

5 CRENÇA LIMITANTE

_____

5 PREJUÍZO:

_____

6 CRENÇA LIMITANTE

_____

6 PREJUÍZO:

_____

7 CRENÇA LIMITANTE

_____

7 PREJUÍZO:

_____

8 CRENÇA LIMITANTE

_____

8 PREJUÍZO:

_____

9 CRENÇA LIMITANTE

_____

9 PREJUÍZO:

_____

10 CRENÇA LIMITANTE

_____

10 PREJUÍZO:

_____

Percebeu que estes pensamentos negativos são como uma âncora na sua vida de concurseiro? Vamos aprender a cortar e se livrar deste peso.

PASSO 3: Agora que identificamos os 10 principias padrões negativos limitadores, bem como seus prejuízos que podem causar na sua vida de concurseiro, vamos criar novas crenças, mas agora positivas e libertadoras capazes de mudar a sua vida, a sua forma de preparação, as suas metas e sua existência. Nas linhas abaixo, descreva uma nova possibilidade, um novo padrão que fará com que você venha a atingir novos resultados. Veja o exemplo:

NOVO: Não importa se ainda não tem edital, vou estudar antes da publicação, quando edital sair estarei altamente preparado e na frente da concorrência.

1 NOVO

_____

2 NOVO

_____

3 NOVO

_____

4 NOVO

_____

5 NOVO

_____

6 NOVO

_____

7 NOVO

_____

8 NOVO

_____

9 NOVO

_____

10 NOVO

_____

As frases acima (Passo 3) são o nosso ataque contra estes pensamentos negativos, uma injeção de positividade e principalmente de motivação e energias positivas. Estas frases devem estar na sua vida como uma tatuagem, ou seja, nunca devemos nos distanciar delas.

Repita estas frases sempre antes de estudar.
Repita estas frases antes da prova.
Repita estas frases a todo momento.
Repita para todos que não acreditam em você.

Agora, vou te passar uma **última dica que tem funcionado com muitos concurseiros e ajudado nesta guerra contra as crenças limitantes**. Bom, precisamos de um gatilho para lembrarmos que devemos atacar o pensamento negativo com pensamentos positivos.

A técnica é muito simples, vamos precisar apenas de uma liga de plástico.

Bom, toda vez que surgir um pensamento negativo, uma crença limitante, puxe a liga que estará em seu pulso e fale o pensamento positivo imediatamente. Faça isso todas as vezes. Você perceberá com tempo que aos poucos os pensamentos negativos vão sumindo da sua mente e consequentemente a utilização da liga.

CAPÍTULO 3
O PODER DAS METAS

Muitos concurseiros pensam que possuem como meta passar em um concurso público, acontece que na realidade o que possuem é um mero interesse ou vontade, sendo isso muito pouco para deixa-lo motivado para ir em busca da tão sonhada aprovação.

Neste capítulo quero mostrar o poder das metas no mundo dos concursos públicos e como estabelece-las de maneira adequada.

Primeiramente vamos entender a diferença entre objetivos e metas.

Objetivos são o seu alvo, a direção que você deve tomar, são mais amplos, abertos e genéricos.

Já as **metas** são especificações de como e quando você alcançará esse alvo, sendo uma informação específica, que pode ser medida e auditada, por isso a importância de formular suas metas corretamente.

Resumindo o que quero explicar. *Objetivo será a sua aprovação em um concurso público. Meta, alcançar esta aprovação em 2 anos.*

A sua busca por suas metas deve ser algo intrínseco, ou seja, algo que vem de dentro, uma necessidade, uma vontade interna de realmente querer alcançar a aprovação no concurso público dos seus sonhos, a este sentimento chamamos de motivação. Não possuir a motivação necessária fará com que você desista no meio do caminho.

Entenda que um concurseiro sem metas, não conseguirá chegar a lugar algum, você deve saber exatamente aonde você que ir e o que tem que fazer para alcançar.

Me lembro muito bem de um diálogo no filme Alice no País das Maravilhas que tem total ligação com que quero explicar:

– Alice: você poderia me dizer, qual o caminho que devo seguir?
– Gato: Depende muito de onde você quer chegar.
– Alice: Não me importa muito onde quero ir.
– Gato: Neste caso não faz diferença por qual caminho seguir.

Este diálogo me faz lembrar a grande quantidade de concurseiros que encontro diariamente, pessoas completamente perdidas, sem noção alguma do que precisam fazer para alcançar a aprovação.

Encontrar o caminho neste mundo dos concursos públicos é muito simples, basta possuir a motivação certa.

Tudo começa com a motivação

"Quando estamos motivados por metas que têm significados profundos, por sonhos que precisam ser realizados, por puro amor que precisa se expressar, então nós vivemos verdadeiramente a vida."
Greg Anderson

Para que um concurseiro se motive e se mantenha firme e forte nos estudos, ele precisa constantemente pensar na chamada PERGUNTA PODEROSA:

"O que quero para o meu futuro depois da aprovação?"

A resposta, se vier do fundo do coração, serão uma motivação para ele.

Existem outras perguntas tão poderosas como a feita acima?

"O que vai acontecer comigo se passar em um concurso público?"
"Como será a minha vida e de minha família depois da aprovação?"

"Terei mais qualidade de vida?"

" O que poderei proporcionar para as pessoas que amo?"

Agora preciso que você de forma concentrada mentalize o momento da aprovação e responda:

TERMO DE POSSE

TERMO DE POSSE

Aos _____ dias do mês de _____ do ano de dois mil e _____, no
_____,
compareceu o(a)
_____,
nomeado(a), conforme Ato publicado no Diário Oficial da União, para o cargo de
_____, da respectiva

Carreira. Após prestar o compromisso de cumprir fielmente as atribuições do cargo e de respeitar na íntegra os respectivos deveres, foi-lhe dada posse no Cargo.

O(A) empossado(a) foi submetido(a), previamente, a exame de saúde e julgado(a) apto(a) física e mentalmente para o exercício do cargo e apresentou os documentos exigidos para sua investidura, dentre os quais a Carteira de Identidade nº _____, expedida em _____, o CPF nº _____, Título de Eleitor nº _____ e Declaração de Bens, bem como comprometeu-se na forma prevista pelo art. 116 da Lei 8.112/1990, em acatar e observar as regras estabelecidas pelo Código de Ética Profissional do Servidor Público Civil do Poder Executivo Federal, aprovado pelo Decreto nº 1.171, de 22 de junho de 1994.

_____, ____ de _____ do ano _____.

_____
Assinatura do Empossado

O que você vai sentir no momento da assinatura do termo de posse?
O que você vai falar?
Quais serão as pessoas que estarão com você neste momento?

Acredito que as respostas são tão poderosas quanto as perguntas e nelas você encontrará a motivação que tanto procura.

Entretanto, tome cuidado com o que chamo de MOTIVAÇÃO NEGATIVA, são motivos que muitos concurseiros possuem para entrar na vida de concursos públicos, mas para motivar os outros e não a si mesmos:

> *"Eu preciso fazer que as pessoas sintam orgulho de mim."*
> *"Eu preciso de dinheiro."*
> *"Eu preciso ser aceito na sociedade."*

O ideal é possuir a chamada MOTIVAÇÃO POSITIVA, como por exemplo:

> *"Eu desejo trabalhar com o que gosto."*
> *"Eu quero ajudar as pessoas como servidor público."*
> *"Eu quero proporcionar uma melhor qualidade de vida para mim e minha família."*

Como NÃO alcançar suas metas

Em todos esses anos trabalhando no mundo dos concursos públicos, consegui identificar três tipos de concurseiros:

Concurseiro 1 – o sem noção: São aqueles que não traçam e nem querem traçar metas, acreditam que o destino irá trazer a aprovação mais cedo ou mais tarde, basta enrolar nos estudos, fazendo o mínimo possível de forma desorganizada e sem planejamento algum.

Concurseiro 2 – O Enrolão: Acham que traçam metas, até pensam sobre elas um dia da semana ou do mês, contam para pessoas com entusiasmo, mas na realidade não cumprem com nada, semana após semana, nunca terminam aquilo que foi planejado.

Concurseiro 3 – O Futuro Concursado: São aqueles que sabem definir metas, planejar e cumprir. É o tipo de concurseiro que se preocupa diariamente em atingir as suas metas, ou seja, cumprem com o que foi prometido, checam progressos e eliminam obstáculos, sabem que a aprovação está em cada degrau que será alcançado dia após dia, meta após meta.

Então a resposta para este tópico é a seguinte, a fórmula ideal para o seu fracasso em matéria de concurso público é ser um dos dois primeiros tipos de concurseiros.

Como alcançar suas metas

Para você lograr aprovação no concurso público dos seus sonhos, você precisa ser o *terceiro tipo de concurseiro* citado acima. Talvez você até queira isso, mas não sabe como, sendo o meu papel orientá-lo a conseguir esta mudança.

Entenda que criar metas é um processo, e como todo processo precisa ser executado com perfeição. Mas aqueles que conseguirem elaborar suas metas e realmente cumprir com o que foi planejado conseguirá atingir o que chamo de alto-desempenho. A imagem abaixo demonstra com perfeição o que quero dizer:

Como elaborar metas poderosas

Em todos estes anos trabalhando com concurseiros, sempre procuro explicar duas técnicas para definição de metas perfeitas. Siga as instruções abaixo que com certeza absoluta você alcançará o objetivo final de todo concurseiro: aprovação.

Antes de iniciarmos as técnicas, precisamos fazer uma limpeza em nossas vidas, mas para isso vamos precisar chamar o "caminhão do lixo", pois precisamos listar tudo que nos atrapalha. Pare um pouco e pense nas respostas das perguntas abaixo:

Obstáculos e Problemas

Quais são os maiores obstáculos em relação a sua preparação para concursos públicos?

Você consegue eliminá-los?

O que você precisa fazer para se ver livre desses problemas?

Não prossiga para o próximo tópico sem antes fazer esta limpeza de obstáculos e problemas de sua vida, caso contrário não conseguirá avançar no cumprimento de suas metas.

Uma boa dica neste ponto é conseguir ajuda, ou seja, encontre pessoas que possam te ajudar a alcançar o que você deseja, quem já chegou lá que você conhece.

O contato com pessoas que também estão buscando o mesmo que você é importantíssimo, ninguém passa em concurso público sozinho, faça parte de grupos de concurseiros, pois isso irá potencializar seu ganho de informações.

Resumindo, pesquise sobre:

Autores de livros sobre como estudar para concursos públicos.
Assista vídeos no Youtube sobre o tema
Consultores / Coach
Grupos de estudos online ou off-line
Fóruns de discussão na internet

Técnicas para alcançar metas – Método 3 P e Técnica SMARTER

Vamos aplicar duas técnicas para elaboração de metas.

A primeira é chamada de MÉTODO 3P, significando que suas metas devem ser PESSOAL, POSITIVA e PRESENTE.

PESSOAL

A meta deve ser sua, **somente você deve ser o responsável pelo seu cumprimento**. Apenas você será o responsável pela construção do futuro que tanto você deseja. Não procure criar metas que farão outra pessoa feliz, pois isto fará você desistir rapidamente, típico caso do filho que é obrigado a estudar para concursos públicos por pressão da família.

POSITIVA

Nunca estipule uma meta com ação negativa, **algo que você quer e não aquilo que você não quer**, como por exemplo: nesta semana não vou assistir NETFLIX. O mais correto deveria ser: esta semana vou cumprir minha carga semanal de estudos.

PRESENTE

Suas metas precisam estar presentes em seus pensamentos e ações, justo por isso, o ideal seria criar metas mensuráveis de forma diária, semanal ou no máximo mensal. Você precisa pensar em atingir as suas metas a todo instante.

A segunda é chamada de TÉCNICA SMARTER, uma das técnicas mais utilizadas no mundo para que metas sejam atingidas.

S	SPECIFIC (Específica)
M	MEASUREABLE (Mensurável)
A	ACTION (Ação)
R	REALISTIC (Realista)
T	TIMEBOUND (Tempo Certo)
E	ECOLOGIC (Impacto no ambiente)
R	REWARD (Recompensa)

SPECIFIC

Sua meta precisa ser específica, **não pode ser nada vago**, como apenas o desejo de passar em um concurso público. Mas qual? Carreira Policial, Saúde, Militar, Tribunais ou outros?

É preciso um comando claro para que a sua mente entenda e frequentemente te ajude a trilhar o caminho até a meta.

MEASUREABLE

Todas as metas estipuladas por você devem ser auditadas, até para que você saiba se está próximo ou distante do seu objetivo final.

Você tem que saber como está o seu progresso ao longo da preparação para o concurso público dos seus sonhos. Exemplo, você está estudando para concursos públicos de carreira policial, em simulados você tem errado muitas questões de direito penal, processo penal e legislação especial, disciplinas importantíssimas para este tipo de certame. Resumindo, frequentemente você precisa saber se está cada vez mais perto ou longe da aprovação.

Agora digamos que você tem realizado vários simulados e os índices de acertos tem sido surpreendentes, que você tem fechado os conteúdos das principais disciplinas. Tudo isso prova que você está no caminho certo e que logo alcançará o resultado que tanto deseja.

Fazendo este tipo de análise, com certeza você se sentirá cada vez mais motivado para continuar e não passará em sua cabeça qualquer pensamento ligado a desistência.

ACTION

Toda meta estipulada deve ter uma ação para que a mesma seja alcançada. Criar uma meta sem ação é um mero desejo. Vou exemplificar, sua meta é melhorar seus índices de acertos em língua portuguesa, mas o que você vai fazer para que isso aconteça?

Vou procurar um curso de português na minha cidade ou on-line.
Vou começar do zero.
Vou resolver questões.
Vou resolver questões de português na forma de simulados de provas anteriores de concursos públicos etc, ou seja,

Então a regra é a seguinte: para cada meta uma ou várias ações. No mínimo, **defina qual o seu primeiro passo para alcançar a sua meta.**

REALISTIC

A meta estipulada deve ser realista, ou seja, **estipule algo que realmente você vai cumprir.** Por exemplo: concurseiro estipula que vai estudar 16 horas por dia, cadê tempo para dormir ou descansar? Há limites físicos que não podemos deixar de lado.

O que quero explicar para você é que estipule suas metas de acordo com a razão e não pela paixão ou emoção. Ninguém consegue estudar 16 horas por dia, cada um deve encontrar o seu limite.

Em certa oportunidade, um aluno me falou : " *Professor, minha meta foi ler toda a constituição em um final de semana e consegui."* Fiz 3 perguntas para ele sobre o texto constitucional e não soube nenhuma delas.

Lembre-se: estudar para concursos públicos deve ser com QUALIDADE e não com velocidade.

Uma meta aceitável para este aluno, seria passar o final de semana inteiro lendo e relendo apenas o art.

5 da Constituição, fazer questões, resumos, esquemas, mapas mentais, mas tudo sobre apenas um dos tópicos mais cobrados em Direito Constitucional, que com certeza acertaria toda e qualquer questão.

TIMEBOUND

Sua meta precisa ter uma data definida, isso vai auxilia-lo a treinar a sua mente para o cumprimento de prazos. Nada de metas com tempo vago (no próximo semestre, no próximo ano etc).

Exemplo: vou terminar o tema licitação e contratos em 30 dias, onde irei assistir videoaulas, ler livros e apostilas e resolver questões, sendo a data limite o dia XX/XX/XXXX.

Caso você não consiga alcançar a meta dentro do prazo estipulado, tranquilo, revise a sua meta e estipule um novo prazo, o mais importante é estar sempre focado em alcançar o objetivo.

ECOLOGIC

Termo muito famoso e utilizado na PNL – Programação Neuro Linguística, traduz o impacto que a ação proposta para alcançar a sua meta irá causar sobre o seu ambiente (família, amigos, trabalho etc).

Por exemplo, se você não medir o efeito de sua meta poderá causar em sua família, provavelmente você entrará em choque e não terá paz para os estudos. Imagine você estipular que não terá nenhum momento de folga ou lazer com sua esposa e filhos. Com certeza você irá se autossabotar, quando estiver estudando estará triste e desanimado por não estar com eles e quando estiver com eles estará triste por não estar estudando.

A palavra-chave é EQUILÍBRIO. O ambiente onde você mora deve estar equilibrado para que as coisas fluam como devem fluir, caso contrário você estará em constante guerra interna e nunca terá paz para os estudos. A mesma regra se aplica ao seu trabalho.

Você deve encontrar um meio-termo para separar momentos para os estudos e também para sua família, os dois são importantes para o seu crescimento.

REWARD

Sua meta deve estar alinhada com seus valores, você tem que saber aquilo que te motiva para alcançá-la.

Quais serão as recompensas que você alcançará com a aprovação?

Posso listar aquilo que os concurseiros mais procuram: conforto, mais tempo com a família, satisfação pessoal, crescimento profissional, estabilidade financeira e tranquilidade.

Sua motivação está totalmente ligada aos seus sentimentos, tenha sempre em mente as emoções que te tornam mais fortes e coloque de forma sempre visível.

Sempre falo para meus alunos colocarem no seu lugar de estudos o logo do órgão público que desejam trabalhar (Polícia Federal, Polícia Rodoviária Federal, Polícia Civil, Tribunal Regional do Trabalho, Tribunal Regional Eleitoral etc).

Outra dica é tentar conseguir uma cópia do contracheque do órgão público e cargo dos seus sonhos.

A minha dica é você tentar cumprir suas metas semana a semana, não espere estar tudo perfeito para começar e nem deixe que tempestades ou problemas te motivem a desistir.

Um planejamento executado ou fracassado é melhor do que um planejamento no papel não iniciado.

Possuem a maior chance de obter sucesso em concursos públicos, aqueles que possuem AÇÃO, ou seja, aqueles que não ficam se vitimizando, mas que buscam cumprir suas metas diariamente em busca de resultados.

Entenda que estudar para concursos públicos é um processo contínuo do esforço para se tornar maior a cada dia.

Viva as suas metas intensamente que o objetivo será alcançado.

No próximo capítulo vamos aprender a elaborar suas metas e fazer um total planejamento de estudos.

CAPÍTULO 4
PLANO DE METAS E
PLANO DE ESTUDOS

Muitos alunos, em busca de uma aprovação rápida, desenvolvem metodologias ineficazes para a realização de seus estudos. Estas no entanto, ao não apresentarem bom resultados, fazem com que o estudante passe fique desmotivado, desacreditando de si mesmo. Neste capítulo, estudaremos os principais esquemas de planos e metas que farão com que você estude toda a matéria de um edital de concurso de maneira objetiva e organizada.

Vamos começar pela elaboração de seu plano de metas, seguindo tudo aquilo que vimos no capítulo anterior. O primeiro passo é conseguir elaborar o que chamo de Edital Verticalizado, nada mais é do que conteúdo de todas as disciplinas organizados verticalmente. Veja o modelo abaixo:

NOÇÕES DE DIREITO CONSTITUCIONAL:
1 Direitos e garantias fundamentais: Direitos e deveres individuais e coletivos;   Direitos sociais;   Direitos de nacionalidade; direitos políticos; partidos políticos.
2 Poder Executivo: atribuições e responsabilidades do presidente da República.
3 Defesa do Estado e das instituições democráticas: segurança pública; organização da segurança pública.

4 Ordem social: base e objetivos da ordem social; seguridade social; meio ambiente; família, criança, adolescente, idoso e índio.

Segundo a tabela apresentada em Direito Constitucional possuímos 4 grandes tópicos de estudos. Nossa missão é estipular metas que vão nos levar a perfeição em cada um destes assuntos.

Exemplo:

1. Plano de Meta: Gabaritar todas as questões envolvendo o Art. 5 da Constituição.

2. Prazo (TIMEBOUND): 30 dias – Início: XX/XX/XXXX e Término: XX/XX/XXXX

3. Tópico (SPECIFIC): Direito e deveres individuais e coletivos – Art. 5

4. Ação (ACTION):

Estudar 3x por Semana (Segundas, Quartas e Sextas)
2 Horas por dia
Estudos envolvendo
a) Assistir vídeoaulas ou Aulas Presenciais
b) Ouvir aúdioaulas
c) Leitura constante do art. 5
d) Fazer resumos

e) Elaborar mapas mentais e tabelas comparativas
f) Resolver inúmeras questões em sites de questões.

5. Feedback (MEASUREABLE):

A cada final de semana fazer um simulado com assuntos já estudados.

Me responda apenas uma coisa:

Seguir este planejamento acima em 30 dias, fará com que uma pessoa realmente consiga gabaritar o máximo de questões envolvendo o art. 5 da Constituição?

Não tenho dúvida alguma de que a resposta seja SIM.

Já pensou em replicar este tipo de elaboração de metas para os demais assuntos do Direito Constitucional? E se replicarmos para as demais disciplinas?

Nossa, em pouco tempo e cumprindo meta a meta, diariamente você alcançará a perfeição. Garanto que isso vai acontecer, basta viver as suas metas dia após dia.

Como estudar? – Conhecendo as principais técnicas

Esta é uma pergunta que me fazem todos os dias nas salas de aula. Neste capítulo vamos iniciar os estudos utilizando uma técnica de minha autoria chamada TÉCNICA DO FUNIL.

A técnica consiste em construirmos um material com todas as informações necessárias para alcançarmos índices altíssimos de acertos no dia da prova. Vamos colocar todas as informações necessárias sobre determinada disciplina em um único lugar. Jogue na boca do funil:

- Assuntos estudados em vídeoaulas ou aulas presenciais
- Tópicos estudados em livros e apostilas
- Questões resolvidas
- Dicas
- Macetes
- Artigos importantes da legislação
- Tudo que interesse sobre determinada disciplina.

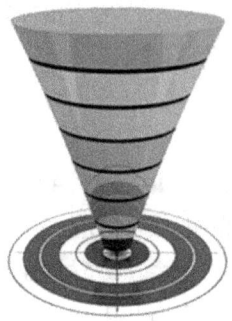

Tudo isso vai ser resumido em um único lugar que chamaremos de "Caderno da Aprovação".

"Fábio, é melhor utilizar fichário ou caderno?" A resposta é muito simples, com fichário você conseguirá colocar folhas avulsas caso surja algum ponto importante, coisa que você não conseguirá fazer em um caderno.

"Fábio, posso fazer meu resumo na forma digital?" Sim, claro, apesar de achar que escrever ajuda na memorização, mas nada impede que você digite.

A finalidade de possuirmos um Caderno da Aprovação, digital ou manuscrito, é a facilidade para revisões, ponto mais importante para todo concurseiro. Aquele que não revisa nunca alcançará a aprovação, mas sobre isso vamos falar mais à frente.

Objetivos de fazer um resumo utilizando a técnica do funil com resumos:

a) Reduzir ao máximo um texto eliminando redundâncias.
b) Revisões com maior facilidade.
c) Ferramenta de aprendizagem
d) Faz com que você seja ativo no processo da memorização.
e) Mantém o concurseiro focado, pois possuirá metas que devem ser atingidas.
f) Melhora na concentração e memorização, pois você canaliza no resumo tudo que você está lendo e escrevendo.

Como fazer um resumo?

Muitos concurseiros têm imensas dificuldades de fazer resumos e principalmente dúvidas do que fazer, costumam, na maioria dos casos, copiar quase tudo que encontram em livros ou apostilas. Já vi resumo de alunos que ficaram maiores do que o texto do livro.

Se você não tem a mínima noção de como fazer resumos, copiando muitas das vezes o livro e apostila inteiros, perdendo um tempo extremamente precioso, vou passar um passo a passo de como fazer um bom resumo utilizando como exemplo o texto abaixo:

LEITURA, ENTENDIMENTO E GRIFO

Neste passo você deve fazer a leitura prestando atenção no que está sendo repassado, não se assuste se não entender, mas no mínimo tente pegar o "fio da meada".

Grife aquilo que é a essência do que está sendo ensinado (Conceitos, dicas, características, expressões sinônimas, comparações, diferenciações, esquemas etc).

No exemplo abaixo, observe que, de todo o texto, apenas pouca coisa nos interessa e apenas isso deve ser levado para o seu resumo.

Princípio da legalidade

O princípio da legalidade decorre da existência do Estado de Direito como uma Pessoa Jurídica responsável por criar o direito, no entanto submissa ao ordenamento jurídico por ela mesmo criado e aplicável a todos os cidadãos.

Consoante entendimento apresentado por Celso Antônio Bandeira de Mello "o princípio da Legalidade é especifico do Estado de Direito, é justamente aquele que o qualifica e que lhe dá identidade própria, por isso considerado é basilar para o Regime jurídico-administrativo".

Neste sentido, Flávia Bahia Martins dispõe que "O Estado democrático de Direito (art. 1 caput) repousa sob o signo da legalidade, exposto no dispositivo sob comento em seu sentido material ou amplo. O princípio da legalidade, portanto, expressa a sujeição ou subordinação das pessoas, órgãos ou entidades às prescrições emanadas do legislativo, Executivo e judiciário", Ainda na mesma linha, com a finalidade de diferenciar a aplicação deste princípio para os particulares e para o poder público, a autora estabelece que "Para o particular, ninguém é obrigado a fazer ou deixar de fazer algo, senão em virtude de lei (aqui em sentido amplo ou material, referindo-se a qualquer espécie normativa), diante de sua autonomia da vontade. Mas quanto ao administrador, deverá ser adotado o princípio da legalidade em sentido estrito, pois só é possível fazer o que a lei autoriza ou determina".

Com efeito, o administrador público somente pode atuar conforme determina a lei, amplamente considerada, abarcando todas as formas legislativas - desde o próprio texto constitucional até as leis ordinárias, complementares e delegadas. É a garantia de que todos os conflitos sejam solucionados pela lei, não podendo o agente estatal praticar condutas que considere devidas, sem que haja embasamento legal específico. Dessa forma, pode-se estabelecer que, no Direito Administrativo, se aplica o princípio da Subordinação à lei. Não havendo previsão legal, está proibida a atuação do ente público e qualquer conduta praticada ao alvedrio do texto legal será considerada ilegítima.

Ressalte-se que a atuação pode ser expressa ou implicitamente prevista em lei, diante da possibilidade de edição de atos administrativos discricionários nos quais o administrador poderá, mediante interpretação baseada no princípio da razoabilidade, definir a possibilidade de atuação, inferido de uma disposição normativa.

Ademais, pode-se entender que o princípio da legalidade é corolário da regra de indisponibilidade do interesse público. Afinal, a lógica é que o administrador não pode atuar de forma a dispor do interesse público e, portanto, sua atuação fica dependendo da autorização do titular do interesse público (que é o povo), responsável pela elaboração das leis, por meio de seus representantes legitimamente escolhidos, Sem embargo, a autorização legal configura a manifestação da vontade popular no sentido de que é possível ao administrador praticar uma determinada conduta, sem que isso configure disposição dos direitos da coletividade.

Logo, a atuação administrativa se limita à vontade legal = vontade do povo, manifestada por meio de seus representantes.

Neste mesmo sentido, pode-se analisar a doutrina de Marçal Justen Filho, quando estabelece que "O princípio da legalidade está abrangido na concepção de democracia republicana. Significa a supremacia da lei {expressão que abrange a Constituição), de modo que a atividade administrativa encontra na lei seu fundamento e seu limite de

Ressalte-se ainda que este princípio difere do principio da legalidade na esfera privada, na qual víge a autonomia privada, não sendo exigida a previsão legal como requisito para atuação dos cidadãos em geral. De fato, no que tange à atuação do direito privado, aos particulares, tudo que não está proibido está juridicamente permitido. É o chamado princípio da não contradição à lei.

Seu resumo do texto acima deve ficar conforme exemplo abaixo. Veja que captamos apenas a essência do que seria o princípio da Legalidade. Tenho a certeza que apenas com estes tópicos abaixo você já consegue acertar 80% das questões sobre princípio da legalidade.

Princípio da legalidade

- É basilar para o Regime jurídico-administrativo".

- 'Para o particular, ninguém é obrigado a fazer ou deixar de fazer algo, senão em virtude de lei (aqui em sentido amplo ou material, referindo-se a qualquer espécie normativa), diante de sua autonomia da vontade. Mas quanto ao administrador, deverá ser adotado o princípio da legalidade em sentido estrito, pois só é possível fazer o que a lei autoriza ou determina".

- o administrador público somente pode atuar conforme determina a lei

- De fato, no que tange à atuação do direito privado, aos particulares, tudo que não está proibido está juridicamente permitido. É o chamado princípio da não contradição à lei.

Observe que com uma simples leitura e pequeno entendimento do que foi explicado conseguimos captar os principais tópicos.

PERGUNTAS FREQUENTES:

1. Fábio, devo levar o texto para o resumo com minhas próprias palavras?

2. NÃO, na prova não vão cobrar as suas palavras e sim do autor no qual estamos baseando nosso estudo.

3. Fábio, você disse acima que com o resumo conseguimos atingir 80% de acertos e os outros 20%?

Os outros 20% você irá buscar com a resolução de questões, que devem ser respondidas sempre após o término do assunto e COMENTADAS.

Você irá notar que alguns tópicos cobrados em determinadas questões não estão anotados em seu resumo, possivelmente por terem passado despercebidos no estudo inicial.

Nesse caso, deverá colocar o assunto da questão em seu resumo de forma comentada. Observe o exemplo abaixo envolvendo a disciplina Direito Constitucional – Princípios Fundamentais:

No tocante aos princípios fundamentais, é correto afirmar que

- a) a forma de governo adotada no Brasil é a de uma federação.

- b) a forma de Estado adotada no Brasil é a de uma república.

- c) a soberania, em âmbito internacional, confere superioridade do Estado Brasileiro nas relações com os demais Estados independentes.

- d) no Brasil vigora apenas a democracia indireta, por meio de instrumentos tais como o plebiscito e o referendo.

- e) o princípio da dignidade da pessoa humana consagra o Brasil como um estado centrado no ser humano.

Responder ⚠ Você errou sua resposta :(Aulas (8) ▾

Observe que foi marcada como correta a Letra A, mas a resposta seria a Letra E. Neste caso o concurseiro deve retornar ao seu resumo dentro do assunto Princípios Fundamentais e comentar alternativa por alternativa da seguinte forma:

QUESTÃO:
- A forma de governo no Brasil é a REPÚBLICA (errei uma questão sobre isso, coloquei que seria federação).
- A forma de Estado adotada no Brasil é a Federação.
- Na soberania não existe superioridade entre estados independentes.
- No Brasil vigora a democracia direta (aquela que tem participação do povo) e a democrática indireta (através dos representantes do povo).
- Memorizar: o princípio da dignidade da pessoa humana consagra o Brasil como um estado centrado no ser humano.

Veja que ao comentar uma simples questão levamos para o nosso resumo uma gama de informações importantíssimas. Aos poucos vamos construindo o nosso mega material.

1. Mas Fábio, como saberei quais são os principais tópicos?
Sendo direto na resposta: resolvendo questões. Sempre ao final de um tópico resolva entre 5 ou 10 questões sobre ele.

2. Onde encontro questões?

Minha indicação é você adquirir a assinatura do https://www.qconcursos.com/
Atualmente com mais de 600 mil questões.

Quando você for fazer questões de determinado assunto, deve sempre colocar no seu resumo o assunto das questões que você errou ou achou interessante.

Fique tranquilo que com tempo construiremos um mega material que te levará para a tão sonhada aprovação. Mas neste primeiro momento preciso que você tenha: PACIÊNCIA e PERSISTÊNCIA.

ERROS MAIS COMUNS AO FAZER UM RESUMO (PROCURE EVITAR):

- Evite estudar com muito marca texto.
- Não seja perfeccionista. Existem pessoas que resumem 1 página em 2 páginas. Anote apenas os tópicos principais do assunto.
- Não mude muito as palavras do livro/apostila.

DICAS VALIOSAS PARA UM BOM RESUMO (FAÇA)

1. UTILIZAR PALAVRAS-CHAVES. Evitar textos longos. Sempre utilize o resumo das palavras do texto e não as suas. Pois a prova vai cair as palavras do texto e não as suas.

2. TOPCALIZE. Crie tópicos e subtópicos. Isso é muito importante para memorização. Pois quando colocarmos informações na mesma linha o cérebro tem mais dificuldade em memorização.

3. HIERAQUIZE. Sempre utilize a hierarquia das informações. Pois isso facilitará a memorização.

4. CORLORIZE. Utilize apenas 2 ou 3 cores. Preferência Azul, Preta e Vermelha. Crie um padrão de cor da seguinte forma:

   - Títulos/Subtítulos: COR PRETA
   - Corpo do resumo: COR AZUL
   - Exceções/Informações importantes: COR VEMELHA
   - Artigos de Lei/Jurisprudência: COR VERDE

Lembre-se sempre, tempo em cursinho e assistindo videoaulas não é considerado estudo, pois neste momento está acontecendo apenas a ENTRADA DA INFORMAÇÃO, somente a compilação de LIVROS/PDF/ANOTAÇÕES DAS AULAS no seu resumo é que está acontecendo o verdadeiro estudo, a verdadeira assimilação do conhecimento, que será concluído com a memorização posteriormente.

Existe uma outra forma de fazer resumos através de palavras-chave.

Observe o texto abaixo retirado do livro Direito Constitucional Descomplicado dos professores Marcelo Alexandrino e Vicente Paulo:

"As normas constitucionais de eficácia plena são aquelas que, desde a entrada em vigor da Constituição, produzem, ou tem possibilidade de produzir, todos os efeitos essenciais, relativamente aos interesses, comportamentos e situações que o legislador constituinte, direta e normativamente, quis regular. As normas de eficácia plena não exigem a elaboração de novas normas legislativas que lhes completem o alcance e o sentido, ou lhes fixem o conteúdo, porque já se apresentam suficientemente explicitas na definição dos interesses nelas regulados. São, por isso, normas de aplicabilidade direta, imediata e integral".

Se eu pedir para você resumir o texto acima, com certeza você iria reduzi-lo para poucas linhas, considerando aquilo que seria mais importante. Mas, se eu disser que existe uma forma mais resumida ainda?

Perceba como ficaria o meu resumo:

1. Normas Constitucionais de Eficácia Plena
a. Efeito: Vigor – Constituição – Sem necessidade de lei
b. Características: Direta – Imediata – Integral

Mas Fábio, não está faltando mais informações? Posso garantir que não, pois fiz uma leitura atenta, uma leitura focada e com isso só preciso de poucos gatilhos para que os assuntos fluam em minha mente. Falaremos sobre leitura atenta mais adiante. Fique tranquilo.

Então, a minha dica é fazer resumos com palavras-chave. Leia o texto e crie palavras-chave relacionadas com o assunto, de modo que você possa ler em outra hora rapidamente apenas as palavras-chave e lembrar de todo o conteúdo estudado.

Faça resumos curtos, quanto mais curso melhor, quanto mais palavras-chave melhor.

Como fazer Revisões

Fazer revisões é tão importante quanto estudar os assuntos, pois evita-se que determinando assunto seja colocado na lixeira do seu cérebro por não uso.

Nossa mente é super inteligente, aquela informação que não relembramos com frequência é descartada, por isso a importância da revisão.

Existem **três tipos de concurseiros:** os que não revisam, os que revisam sem um controle de revisão e os que revisam com controle de revisão.

Os primeiros, aqueles que não revisam, não preciso nem comentar não é? Estão fadados ao fracasso.

Os dois últimos estão no caminho certo, mas aquele concurseiro que não possui um controle de revisões, precisa fazer apenas um ajuste para aumentar o seu desempenho, mas sobre isso vamos tratar ao final deste tópico.

Primeiramente me responda: Será que você está revisando da melhor maneira?

Vejo muitos concurseiros revisando os assuntos de maneira equivocada, ou seja, fazem apenas uma releitura dos assuntos, ou até mesmo copiam o conteúdo novamente.

Lembre-se, estamos revendo um conteúdo que já foi estudado, se está em seu resumo, provavelmente você passou por ele, não é? Na revisão devemos frisar as partes relevantes e de maior importância, uma boa forma é fazer perguntas e respostas sobre o conteúdo de modo a deixar seu estudo mais dinâmico e efetivo.

Vamos a um exemplo de resumo do tema Conceito de Agências Reguladoras do Direito Administrativo:

Não existe uma definição legal de "agências reguladoras". Os administrativistas que se dispõem a conceituar tais entidades costumam fazê-lo a partir de características gerais, observadas em algumas das mais importantes agências reguladoras, sempre frisando que, a rigor, as variações individuais são bastante acentuadas.
Alias, convém anotar que, embora haja propostas legislativas a respeito, até hoje não foi editada no Brasil uma "lei geral das agências reguladoras".
Em face de todas essas dificuldades, pensamos não ser possível, atualmente, estabelecer uma definição jurídica uniforme de "agências reguladoras".

Feita a ressalva acima, propomos, não obstante, o seguinte conceito, aplicável a grande parte das agências reguladoras brasileiras hoje existentes: trata-se de entidades administrativas com alto grau de especialização técnica, integrantes da estrutura formal da administração pública, instituídas como autarquias sob regime especial, com a função de regular um setor específico de atividade econômica ou um determinado serviço público, ou de intervir em certas relações jurídicas decorrentes dessas atividades, que devem atuar com a maior autonomia possível relativamente ao Poder Executivo e com imparcialidade perante as partes interessadas (Estado, setores regulados e sociedade).

Resumindo o texto acima, eu faria as seguintes perguntas e tentaria responder:

Existe legislação específica para as agências reguladoras?

Existe definição jurídica sobre o conceito de agências reguladoras no Brasil?

Qual um conceito doutrinário?

Dessa forma você passaria a mensagem para sua mente que estes assuntos questionados são importantes e que provavelmente você precise deles novamente.

Estudiosos da mente dizem que devemos relembrar assuntos de acordo com o seguinte decurso de tempo:

- 3 dias
- 7 dias
- 14 dias
- 21 dias
- 30 dias
- 30 dias
- Até o infinito

Minha sugestão é monte uma agenda de revisões, sempre procurando revisar os assuntos já estudados antes de avançar para um novo assunto, mesmo que seja de forma rápida e despretensiosa.

Como fazer o Planejamento

Fábio, quanto tempo de estudos é necessário para passar em um concurso público?

Sempre respondo com outra pergunta: Quanto tempo livre por semana você possui? Muitos concurseiros, nunca fizeram uma análise da quantidade de horas-livre para estudos. Cada pessoa possui a sua vida, seus afazeres e responsabilidades, sendo extremamente pessoal esta etapa do planejamento.

Abaixo, segue uma tabela para ajudar na definição de horas-vagas para estudo:

Presta atenção neste modelo de planejamento de horas de estudos:

Dia/hora	SEGUNDA	TERÇA	QUARTA	QUINTA	SEXTA	SÁBADO	DOMINGO
6h/7h	Sono	Sono	Sono	Sono	Sono	Sono	Sono
7h/8h	Café	Café	Café	Café	Café	Sono	Sono
8h/9h	Trabalho	Trabalho	Trabalho	Trabalho	Trabalho	Café	Café
9h/10h	Trabalho	Trabalho	Trabalho	Trabalho	Trabalho	Livre	Igreja
10h/11h	Trabalho	Trabalho	Trabalho	Trabalho	Trabalho	Livre	Igreja
11h/12h	Trabalho	Trabalho	Trabalho	Trabalho	Trabalho	Livre	Igreja
12h/13h	Almoço	Almoço	Almoço	Almoço	Almoço	Almoço	Almoço
13h/14h	Trabalho	Trabalho	Trabalho	Trabalho	Trabalho	Livre	Livre
14h/15h	Trabalho	Trabalho	Trabalho	Trabalho	Trabalho	Livre	Livre
15h/16h	Trabalho	Trabalho	Trabalho	Trabalho	Trabalho	Livre	Livre
16h/17h	Trabalho	Trabalho	Trabalho	Trabalho	Trabalho	Livre	Livre
17h/18h	Funcional	Livre	Funcional	Livre	Funcional	Estudo	Livre
18h/19h	Funcional	Livre	Funcional	Livre	Funcional	Estudo	Livre
19h/20h	Livre	Livre	Livre	Livre	Livre	Estudo	Livre
20h/21h	Estudo	Estudo	Estudo	Estudo	Estudo	Livre	Livre
21h/22h	Estudo	Estudo	Estudo	Estudo	Estudo	Livre	Livre
22h/23h	Estudo	Estudo	Estudo	Estudo	Estudo	Livre	Livre
23h/00h	Sono	Sono	Sono	Sono	Sono	Livre	Sono
00h/1h	Sono	Sono	Sono	Sono	Sono	Sono	Sono

TABELA 1 – HORAS-VAGAS: COLOQUE A QUANTIDADE DE HORAS DE ESTUDO CONCENTRADO DURANTE A SEMANA.

SEMANA: De _____ até _____

Dia / Hora	2ª - Feira	3ª - Feira	4ª - Feira	5ª - Feira	6ª - Feira	Sábado	Domingo
6 / 7 h							
7 / 8 h							
8 / 9 h							
9 / 10 h							
10 / 11 h							
11 / 12 h							
12 / 13 h							
13 / 14 h							
14 / 15 h							
15 / 16 h							
16 / 17 h							
17 / 18 h							
18 / 19 h							
19 / 20 h							
20 / 21 h							
21 / 22 h							
22 / 23 h							
23 / 24 h							

TOTAL HORAS SEMANAL: _____

* Não leve em consideração tempo de estudo em sala de aula presenciais. Apenas estudo concentrado (leitura, resumos, videoaulas, resolução de questões e simulados).

TABELA 2 – DISCIPLINAS E CONTEÚDOS: Relacione todas as disciplinas e conteúdo que serão estudadas naquela semana.

TABELA 3 – FEEDBACK: DISCIPLINAS E CONTEÚDOS – MÊS 1: De _____ até _____

DISCIPLINAS	CONTEÚDOS
Direito Administrativo	Neste mês terminei Princípios do Direito Administrativo, estudei todos os princípios explícitos e implícitos. Tudo está devidamente resumido e esquematizado em meu Caderno da Aprovação – Direito Administrativo. Resolvi ainda 50 Questões. Acertei 39 e errei 11.

Ciclo de Estudos

Neste campo iremos formatar uma sequência de disciplinas que devem ser estudadas dentro do respectivo tempo. Então, vamos imaginar a situação deste concurseiro que:

a) Possui 3 horas por dia de estudos.
b) Disciplinas: Português, Informática, Raciocínio Lógico, Constitucional, Administrativo, Penal, Processo Penal e Legislação Especial.

Vamos dividir as 8 disciplinas acima em 4 ciclos. Cada disciplina por ciclo, por exemplo, deve ser estudada 1h30min, sempre utilizando a Técnica do Pomodoro (Veremos mais adiante sobre esta técnica). Veja o exemplo:

Ciclo 1
Português (1h30min) e Constitucional (1h30min)

Ciclo 2
Informática (1h30min) e Administrativo (1h30min)

Ciclo 3
Raciocínio (1h30min) e Legislação Especial (1h30min)

Ciclo 4
Penal (1h30min) e Processo Penal (1h30min)

Modelo 1

SEG	TER	QUA	QUI	SEX	SAB	DOM
Português Constituci onal	Informátic a Administra tivo	Raciocí nio Leg. Esp.	Penal Proc. Penal	Português Constituci onal	Informát ica Administ rativo	Raciocí nio Leg. Esp.

Modelo 2

	SEG	TER	QUA	QUI	SEX	SAB	DOM
Semana 1	CICLO 1	CICLO 2	CICLO 3	CICLO 4	CICLO 1	CICLO 2	CICLO 3
Semana 2	CICLO 4	CICLO 1	CICLO 2	CICLO 3	CICLO 4	CICLO 1	CICLO 2
Semana 3	CICLO 3	CICLO 4	CICLO 1	CICLO 2	CICLO 3	CICLO 4	CICLO 1
Semana 4	CICLO 2	CICLO 2	CICLO 3	CICLO 1	CICLO 2	CICLO 3	CICLO 4

Entenderam a rotatividade dos ciclos, seguir este tipo de sequência, fará com que você estude todas as disciplinas durante a semana. Não caia na pegadinha de estudar apenas uma disciplina por semana, já vi vários alunos falarem, esta semana será a do Constitucional, na outra será do Português, na próxima do Administrativo. Dessa forma, você possuirá um lapso muito grande de revisões e com isso não conseguirá reter o conteúdo estudado.

Para acompanhamento do tempo de estudo de cada disciplina o concurseiro pode utilizar o aplicativo APROVADO que você encontra na Apple Store e Google Play:

Fabio Silva

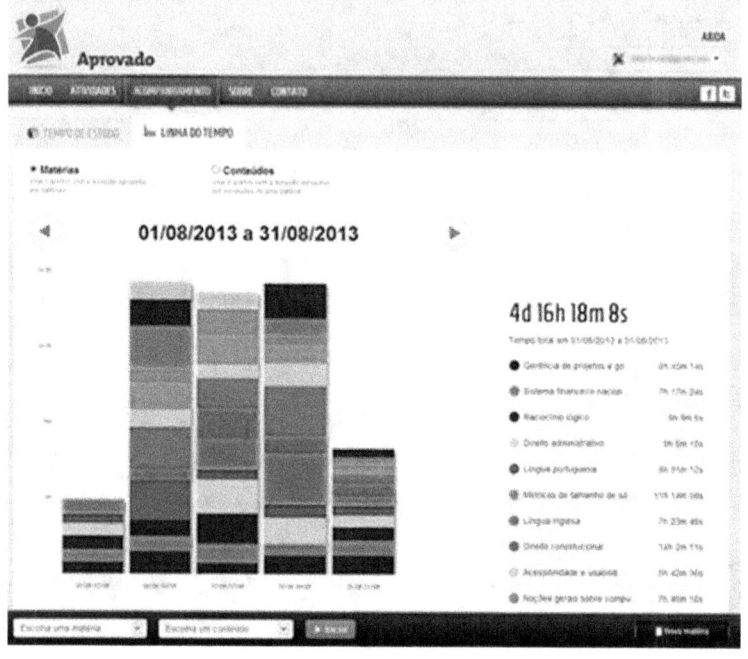

Seja disciplinado

Para finalizar este capítulo vou repassar uma última dica: TENHA MUITA DISCIPLINA.

Apenas os disciplinados são verdadeiramente livres, pois os indisciplinados são escravos do momento e das paixões.

Para você que não sabe o que vem a ser disciplina, entenda que é simplesmente FAZER O QUE TEM QUE SER FEITO E MANTER SUAS PROMESSAS. A disciplina nada mais é do que a sua disposição de pagar o preço para conquistar aquilo que você não passa um dia sem desejar.

Nada destrói a confiança mais rápido de um concurseiro do que uma promessa não cumprida. Por outro lado, nada gera mais confiança do que cumprir com todo o planejamento da semana.

Toda pessoa indisciplinada é infeliz.

Não seja um concurseiro mentiroso, não estipule metas e objetivos que não vai cumprir, não viva uma mentira.

Um concurseiro com disciplina determina o que quer para a sua vida, aceita a sua realidade e mergulha totalmente na busca por seus objetivos.

Posso garantir que os melhores concurseiros com quem tive a honra de trabalhar são os disciplinados, são aqueles que realmente cumprem com o planejamento e consequentemente alcançam a aprovação de forma mais rápida. Pode perguntar de qualquer concursado qual a sua principal característica, muitos vão responder: a disciplina.

Aquele concurseiro que no primeiro momento consiga seguir as orientações deste livro movido pelo momento, apetite ou paixão, mas que posteriormente não consiga mais cumprir com o planejado, será uma pessoa infeliz e possuirá uma sensação de culpa maior ainda.

Concentre-se no que você planejou e determine que tentará cumprir com seu planejamento custe o que custar.

Está disposto a pagar o preço para alcançar a tão sonhada aprovação no concurso público dos seus sonhos?

CAPÍTULO 5
TEMPO

A falta de tempo é uma das maiores reclamações dos estudantes que tende a desmotiva-los e desistir de suas metas. Organizar o tempo entre uma rotina e outra não é uma tarefa fácil, porém, ela pode ser executada com sucesso.

Neste capítulo, quero provar que você possui tempo livre para estudar e que se utiliza-lo de forma adequada, planejada e organizada, aumentará consideravelmente seu rendimento nos estudos.

Se tem uma coisa que não devemos fazer é ficar nos comparando a outros concurseiros, mas infelizmente crescemos assim, sendo comparados aos outros, principalmente dentro da família ou escola.

Muitos concurseiros reclamam de suas vidas, principalmente no que diz respeito à falta de tempo para os estudos, se desesperam e revoltam-se quando conhecem alguém que possui bastante tempo livre.

Acontece meus amigos, que todos nós nascemos com talentos, capacidades, privilégios e principalmente o mesmo tempo.

Ladrões do Tempo

Primeiramente devemos mudar e corrigir erros que cometemos, devemos trabalhar naqueles maus hábitos que eu chamo de **"ladrões do tempo" do mundo moderno:**

- Whatsapp
- Facebook
- Instagram
- E outros.

Inclusive em salas de aula presenciais o que mais vejo são alunos assistindo aulas com celular ligados em redes sociais.

Posso **garantir que o seu sucesso em concursos públicos está mais ligado ao gerenciamento das suas ações do que da quantidade de tempo para estudos.** Quanto mais você disser não para os maus hábitos, mais tempo você terá para os estudos. Precisamos eliminar tudo que será considerado perda de tempo.

Procrastinação

Segundo ponto crucial para evitarmos a perda de tempo é a procrastinação. Trata-se de um adiamento de ações importantes que deveriam ser realizadas por uma pessoa, mas acabam sendo deixas de lado por outras sem importância resultando em estresse, sensação de culpa, perda de produtividade e desânimo.

Uma de suas metas é evitar a procrastinação, fazer o que deve ser feito, tudo aquilo que você planejou. O simples fato de cumprir com as suas metas diárias irá aumentar a sua produtividade dos estudos. A pergunta apareceu na sua mente deve ter sido: COMO FAZER ISSO?

Abaixo vou te apresentar a famosa técnica do POMODORO.

Conhecendo a Técnica do Pomodoro

Trata-se de uma das técnicas mais utilizadas pelos estudante de todo o mundo, consistindo em fazer você estudar com mais prazer e sem ficar cansado. Garanto que se você seguir as minhas orientações, seu ganho de produtividade será surpreendente.

A Técnica Pomodoro (originalmente 'The Pomodoro Technique') foi criada no final da década de 80 por Francesco Cirillo.

Consiste em um método de gerenciamento de tempo que usa a ideia de blocos de tempo de dedicação exclusiva (a uma determinada tarefa) intercalados com pequenas pausas entre eles.

O termo 'pomodoro', que significa tomate em italiano, foi escolhido por Cirillo porque o 'timer' que ele utilizou para marcar o tempo era um daqueles cronômetros de cozinha em forma de tomate.

A técnica foi desenvolvida por Cirillo quando ele buscava por uma nova forma de ser mais produtivo e focado durante seus estudos.

Ele resolveu cronometrar por quanto tempo ele conseguiria permanecer focado e concentrado no estudo, sem fazer nenhuma interrupção.

São vários os benefícios da aplicação da Técnica Pomodoro:

- Aumenta o foco e a concentração ao reduzir as interrupções;
- Aumenta a consciência das suas decisões;
- Aumenta a sua motivação (e a mantém constante);
- Reforça a determinação para alcançar seus objetivos;
- Melhora o seu processo de trabalho e de estudo;
- Ajuda na resolução de problemas complexos;
- Torna grandes projetos menos assustadores de serem iniciados;
- Encoraja sua decisão de agir para concluir pequenos passos;
- Diminui a procrastinação;
- Preserva a sua energia mental por meio de pausas obrigatórias;
- Auxilia no combate à prática de permanecer muito tempo sentado;
- Cria o hábito da produtividade;
- Utiliza o tempo como um aliado, e não como um inimigo.

Ferramentas necessárias para aplicação da técnica do controle de tempo Pomodoro:

1 cronômetro (pode ser até de celular)
2 listas, preferência que sejam separadas.

a) A primeira chama-se INVENTÁRIO, nela você vai listar todos os assuntos que você pretende estudar de determinada matéria. Aqui seria o sumário de assuntos: Direito Administrativo:

1. Princípios do Direito Administrativo;
2. Organização Administrativa;
3. Poderes Administrativos;
4. Atos Administrativos;
5. Licitação;
6. Contratos Administrativos etc.

b) Na segunda lista você vai anotar as tarefas do dia. Perceba que aqui haverá um detalhamento maior o que será estudado.

Exemplo: Hoje estudarei tudo sobre Princípios do Direito Administrativo: princípios expressos na Constituição, supraprincípios e princípios implícitos.

Se possível, procure colocar nesta lista quantos pomodoris serão necessários para o cumprimento total da tarefa do dia para esta disciplina.

Exemplo:

- Princípios Expressos na Constituição: 2 pomodoris
- Supraprincípios: 1 pomodori
- Princípios Implícitos: 4 pomodoris

Fique tranquilo, no começo será um pouco difícil você estipular o número de pomodoris, mas garanto que com tempo isso vai se tornando automático.

Outra dica, se a tarefa que deverá ser cumprida custar muitos pomodoris, desmembre-a.

Exemplo:

Em vez de colocar assim > Constitucional: Controle de Constitucionalidade – 12 pomodoris.

O correto seria:

Ação Direta de Constitucionalidade – 4 pomodoris
Ação Direta de Inconstitucionalidade – 4 pomodoris
Ação Direito da Inconstitucionalidade por Omissão – 2 pomodoris
Controle Difuso de Constitucionalidade – 2 pomodoris.

Aplicação da Técnica Pomodoro

1. Ensinamento inicial sobre aplicação da Técnica

Primeiro precisaremos de um relógio com cronômetro. Neste primeiro passo você deve programar o alarme para exatamente 25 minutos de estudos concentrados. Falaremos mais adiante sobre leitura atenta.

Este período de 25 minutos é chamado pela técnica de pomodori. Neste caso você deve escolher uma disciplina e um assunto a ser estudado dentro desse intervalo de tempo. Lembre-se, apenas um assunto/tópico.

Ex: Estudar tudo em 1 pomodori sobre Direito Constitucional > Nacionalidade.

Não existe pomodori de 10 minutos, 15 minutos ou 24 minutos, sempre devem ser de 25 minutos.

Mas Fábio, escolhi um assunto que meus estudos terminaram antes dos 25 minutos. Então resolva questões até completar o pomodori.

Fábio, terminou o tempo do pomodori (25 minutos), mas não esgotei o assunto. Então passe para um próximo pomodori até terminar o assunto determinado.

2. Pausa Curta

Segundo passo são as PAUSAS, elas são obrigatórias, nem pense em pular, mesmo que você esteja no meio de um assunto, ou questão, quando o alarme do relógio tocar você deve parar imediatamente.

Tempo da pausa será de 5 minutos a cada pomodori (lembra que cada pomodori será de 25 minutos), procure descansar, tomar uma água, deixar a mente divagar bastante. Não aconselho gastar o tempo da sua pausa com redes sociais, apenas relaxar a tensão do estudo focado e concentrado.

Sugestões de atividades para serem feitas durante a pausa de 5 minutos:

- Levantar-se;
- Alongar-se;
- Caminhar por alguns minutos;
- Beber água;
- Ir ao banheiro etc.

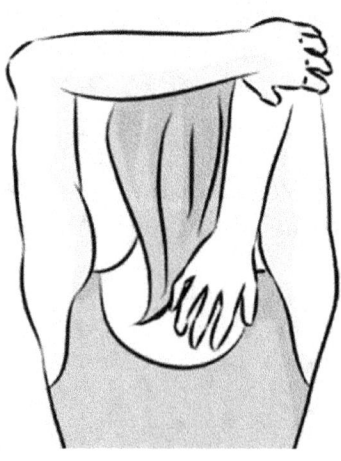

Entenda que este descanso não deve ser uma atividade que canse a sua mente e a pausa é necessária justamente para fazer a sua mente descansar. Deixar a mente descansar nestes intervalos fará com que você consiga fazer mais e mais pomodoris. Sabotar os intervalos irá sabotar os pomodoris. NÃO se recomenda durante as pausas:

- Escrever e-mails importantes;
- Fazer ligações importantes;
- Acessar redes sociais etc.

3. Pausa Longa

Terceiro passo é que a cada 4 pomodoris completos a pausa deve ser maior de 15 a 30 minutos.

Resumindo:
Faça 1 pomodori ----- descanse 5 minutos
Faça 2 pomodori ----- descanse 5 minutos
Faça 3 pomodori ----- descanse 5 minutos
Faça 4 pomodori ----- descanse de 15 a 30 minutos.

Atividades recomendadas durante a pausa de 15-30 minutos (aplicam-se também as sugestões mencionadas para a pausa de 5 minutos):

- Organizar a sua mesa de estudos / trabalho;
- Verificar e-mails recebidos e mensagens no celular;
- Fazer uma caminhada curta;
- Simplesmente descansar e fazer exercícios de respiração etc.

Recomenda-se, também, não ficar pensando sobre o que você fez durante os últimos pomodoros – as pausas são os momentos que o cérebro utiliza para entrar no 'modo difuso de pensamento'.

4. Fracasso da técnica

Evite interrupções durante o fluxo do pomodori:

- Desative notivicações do celular
- Desative notificações do computador
- Não atenda telefonemas não importantes.

Quanto menos você interromper o pomodori, maior será o seu aprendizado daquele assunto.

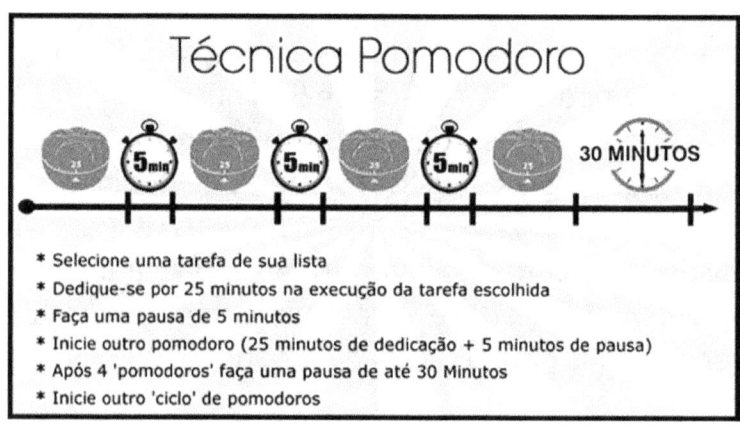

Após o quarto pomodoro, seguido de uma pausa de até 30 minutos, você pode iniciar outro ciclo de 4 pomodoris de outra disciplina.

Pronto! A técnica é simples assim.

Nestes sites você encontra na forma online um sistema de cronômetro perfeitos para aplicação da técnica pomodoro:

https://tomato-timer.com/

http://www.moosti.com/

https://www.focusboosterapp.com/

https://www.marinaratimer.com/

No link abaixo você encontra softwares para instalação em seu computador para aplicação da técnica pomodoro:

https://www.baixaki.com.br/busca/?q=pomodoro&so=1&buscar=

Fabio Silva

CAPÍTULO 6
CONCENTRAÇÃO

Com tantas distrações no dia-a-dia, se torna difícil de se concentrar e focar toda a sua atenção nos estudos. As tecnologias avançadas unidas aos maus hábitos cotidianos fazem com que percamos um tempo precioso no que de fato é necessário: concentração nos estudos para a obtenção de bons resultados. Neste capítulo, falaremos das principais armadilhas que nos fazem perder tempo e como podemos superá-las para desenvolver um método de estudo de qualidade.

A palavra concentração deste capítulo deve ser sinônimo de ATENÇÃO, ou seja, será a nossa capacidade de atenção que determinará o nível de competência para realizarmos alguma tarefa, entenda que se nossa atenção for ruim, vamos nos sair mal na resolução das questões e consequentemente não vamos lograr aprovação.

O que todo concurseiro precisa durante os estudos, é estar em total sintonia com que está sendo estudado, pois durante os estudos, muitos estão atolados em um emaranhado de pensamentos distantes do aqui e agora. Inclusive na leitura deste livro, alguns leitores devem estar neste exato momento lendo, mas pensando em diversas outras coisas ao mesmo tempo.

Um grande problema que cada vez mais tenho percebido nas salas de aulas presenciais, são concurseiros desatentos, estão pensando em qualquer coisa, mas não no assunto da aula. Confesso que está cada vez mais difícil ministrar aulas e manter a atenção dos alunos.

Estes concurseiros desatentos são como os bebês, pois quando um bebê está prestando atenção e você pronuncia um nome, ele aprende, mas se ele estiver distraído e você pronunciar o nome, ele não aprenderá, a mesma coisa acontece com muitos alunos que assistem aulas curtindo fotos no Instagram ou Facebook. Muitos até copiaram a aula toda, mas não assimilaram nada.

Neste capítulo você aprenderá que ter concentração é nada mais do que eliminar as distrações. Quanto mais distraído, menos você aprenderá aquilo que está estudando.

Só com a explicação acima já poderia encerrar este capítulo, mas vamos avançar ainda mais.

Receita para fracassar nos estudos

Abaixo relato os ingredientes perfeitos para o fracasso, para que nada dê certo na sua vida:

- Esteja estressado
- Esteja com raiva de alguma coisa ou alguém
- Esteja cansado
- Esteja preocupado
- Esteja ansioso
- Esteja distraído

Pronto, está é a receita do fracasso, uma pessoa que tente estudar com qualquer um destes ingredientes está apta para reprovar em qualquer concurso público, pois estudará, estudará e estudará, mas dificilmente alcançará a aprovação.

Vamos corrigir estes pontos da sua vida?

- Esteja estressado

Controle seu estresse, seja mais positivos, seja mais feliz.

- Esteja com raiva de alguma coisa ou alguém

Controle a sua raiva, suas emoções não podem te dominar é você que deve domina-las.

- Esteja cansado

Descanse, nada de passar noites e noites acordado.

- Esteja preocupado

Relaxe, não se preocupe tudo vai dar certo ao final.

- Esteja ansioso

Não se preocupe com o futuro e sim com presente.

- Esteja distraído

Foque naquilo que realmente interessa. Livre-se de redes sociais durante os estudos. Largue o celular durante uma aula ou videoaula.

Divagação da Mente

Aprendi sobre este tema ao ler o livro FOCO do autor Daniel Coleman, tal mecanismo mental acontece quando a mente foge daquele assunto que estamos estudando. Você está lendo, mas não está pensando naquilo que está lendo.

Agora me responda, você durante a leitura de um livro já pensou em algo que não tem nenhuma relação com o que está lendo? Uma conta a pagar, um relacionamento, um momento de lazer, time de futebol, novela etc.

Deixar a mente divagar durante os estudos prejudica consideravelmente nosso desempenho, principalmente se isso acontecer durante assuntos nunca estudados.

O que precisamos durante os estudos é uma mente concentrada e para isso precisamos que nossas vozes internas se calem.

Nós seres humanos, somos os únicos seres da terra que se preocupam com o futuro. Os animais vivem sempre o aqui e agora, não tem essas preocupações. Quanto mais a nossa mente divaga, menos percebemos o aqui e agora.

Existem alunos que toda vez que tentam estudar, acabam sonhando acordado, isso acontece muito quando estamos dirigindo, pois muitas das vezes dirigimos no automático e às vezes chegamos em nosso destino e tomamos um susto.

Técnica da Captura da Mente Divagadora

A técnica é muito simples e deve ser testada imediatamente, sugiro, inclusive, que ao terminar este capítulo você já possa fazer o teste com algum texto a ser estudado.

Para aplicar a técnica, basta você monitorar o momento em que mente irá divagar durante a leitura ou videoaulas, perceba aquele momento em que você vai pensar em alguma coisa que não tem nada que ver com que está sendo estudado, este é o ponto crucial da técnica, trata-se de uma metaconsciência, você tem que ler prestando atenção nas palavras e no assunto estudado, mas a partir do momento que sua mente tentar pensar em outro assunto, você irá estalar os dedos e falar: VOLTA AQUI! VOLTA! VOLTA!

Você deve dar a ordem para a sua mente manter a atenção onde você deseja que ela esteja. Faça isso quantas vezes for necessário. E de novo. E de novo...

Parece besteira, mas você vai perceber que em um determinado momento da leitura, sua mente vai tentar divagar e caberá a você fazê-la retornar. Para muitos vai ser fácil, para outros vai ser extremamente difícil domesticar a mente a ser mais atenta e não divagar.

Posso garantir que será um exercício que irá demandar um cansaço mental surpreendente, manter a mente focada demanda muita energia, dificilmente você conseguirá ficar muito tempo estudando de forma focada e concentrada, pois uma coisa é fazer uma leitura desatenta, onde na 3 página você não lembrará mais nada que você leu na primeira página, outra coisa é fazer uma leitura atenta, capturando a mente toda vez que ela tentar divagar. Com o tempo você vai começar a perceber que a sua mente está divagando menos, mas isso demanda tempo e muito treino.

Agora, deixa eu te passar uma outra dica que vai completar o exercício acima. Você precisa colocar momentos de descanso da mente, ou seja, você precisa divagar e abrir a mente para qualquer tipo de pensamento, minha sugestão é ir para algum lugar e fechar os olhos e pensar ou até mesmo dar uma caminhada, mesmo que seja na rua desviando de carros e com barulhos de buzina, você deve pensar. Pensar em que Fábio? Sei lá em qualquer coisa. Estamos treinando a nossa mente a aprender que durante os estudos ela não pode divagar, que em determinado momento vamos deixar ela livre para pensar no que ela quiser.

Agora cuidado, nos momentos de descanso, ficar navegando pela internet e em redes sociais não é descanso, na realidade você irá cansar ainda mais a mente e não conseguirá retornar aos estudos.

Utilizando a técnica da captura da mente e descanso, você vai perceber um aumento gradativo da memorização e cognição. Sobre memorização vamos falar sobre este tema no próximo capítulo.

Regra ou Lei das 10.000 horas

Pesquise no Google, Regra das 10.000 horas, que você vai encontrar uma ladainha que você precisa colocar pelo menos 10 mil horas de esforço – ou ainda, 8 horas por dia, todos os dias por 4 anos – para ficar bom em alguma coisa.

Porque digo que é uma verdadeira mentira, se você passar 10.000 horas de estudos sem fazer uma leitura atenta, você passará 10.000 horas cometendo um mesmo erro e não irá evoluir. Devemos reconhecer que estamos fazendo errado e corrigir o que precisa ser corrigido.

Não seja como um dançarino sem espelho, sendo aquele que não ver o seus próprios erros e continuará dançando errado. Dançarinos profissionais dançam na frente do espelho para analisar seus movimentos e corrigi-los imediatamente.

Estou querendo fazer você se tornar um concurseiro anormal, porque o normal é estudar de forma desatenta. Nós não, vamos focar naquilo que estamos estudando e vamos dominar onde a nossa mente estará durante os estudos.

Feedback (Revisões Atentas)

Sempre ao final de um ciclo de estudos (utilizando a técnica do Pomodoro), devemos retornar ao que foi estudado e passar os olhos pelos tópicos e assuntos.

Tal rotina servirá para nossa mente que aquilo que está sendo revisado, deve ser armazenado em nossa memória de média ou longa duração e que se trata de algo importante.

Estudar sem fazer este feedback é colocar todas as informações em nossa memória de curta duração e consequentemente esquece-las. Minha dica é você fazer testes para você mesmo, perguntas e respostas, questões de alternativa, questões de completar etc.

Teste seu aprendizado durante as revisões, assim você terá a certeza que estudou de forma atenta ou não.

Posso garantir que aplicando a revisões com testes você chegará àquela memorização que tanto você deseja ter, ela está aí, dentro de você.

Nível Hard de Leitura Concentrada

O que percebo em muitos alunos que começam a utilizar a técnica da leitura concentrada, estalando os dedos quando a mente divagar ou falando "volta aqui", com tempo, o concurseiro até atinge um bom desempenho e se contentam com o progresso que tiveram nos estudos e acham que chegaram a um determinado limite.

Puro engano, os aprovados em concursos públicos, nunca se contentaram com um limite, sempre buscam ultrapassa-lo. Não se contente com bom, busque sempre o melhor.

Nas minhas aulas de Direito Constitucional existe um assunto chamado Organização do Estado, onde explico que o concurseiro deve memorizar todas as competências exclusivas da União (Art. 21 com 25 incisos), competências privativas da União (Art. 22 com 29 incisos), competências comuns da União, Estados, Municípios e Distrito Federal (Art. 23 com 12 incisos), competências concorrentes da União e Estados (Art. 24 com 16 incisos) e as competências exclusivas dos Municípios (Art. 30 com 9 incisos).

Muitos alunos dizem: *"Impossível memorizar todos estes incisos"* ou *"Absurdo perguntas com este tipo de questionamento*". Tais alunos simplesmente não entenderam que para lograr aprovação precisaram ser os melhores dos melhores, pois apenas os primeiros lugares de milhares de inscritos serão nomeados para ocuparem cargos públicos.

Existem monges que aplicando a técnica da leitura atenta, sem distrações e sem deixar a mente divagar, conseguem recitar até 30 páginas sem ler um único papel.

Quando se fala em aplicar a leitura com atenção é necessário uma obstinação e muita persistência. Não existem limites. Tudo é possível, basta você enfrentar seus limites.

Foco positivo

Nesta parte convoco você concurseiro a pensar no futuro, pensar onde você quer estar daqui a 5 ou 10 anos?

Esta pergunta nos convida a sonhar um pouco, a pensar o que realmente é importante para nós e como isso poder guiar as nossas vidas. Falar sobre sonhos e objetivos ativa centros cerebrais que nos abrem para novas possibilidades.

Agora perceba, se mudarmos a conversa o que devemos fazer para nos consertarmos, nos fechamos e mudamos de expressão. Aposto, que muito se sentiram incomodados quando falei que cada vez mais os alunos assistem aulas em redes sociais.

Infelizmente o caminho tem que ser este, devemos falar o que provavelmente você faz errado, talvez você esteja sentindo um pouco do sentimento de culpa, mas só o fato de reconhecer seus erros já é uma grande vitória.

Levamos 21 dias para criarmos um bom hábito e 90 dias par que este hábito se torne um estilo de

vida. Será que você consegue passar 21 dias sem as chamadas "tecnologias da distração"?

Capítulo 6.6 - Tecnologias da distração

Atualmente muita da tecnologia desenvolvida no Vale do Silício é voltada para a distração das pessoas. Smartphones, tablet, relógios inteligentes, streaming, redes sociais etc.

Tudo isso atrapalha demais o concurseiro no quesito atenção. Muitos alunos possuem extrema dificuldade de responder uma pergunta simples de algo que acabou de ser ministrado em sala de aula.

Não é necessário que você saia de todas as redes sociais, mas para separar momentos do seu dia para isso.

Tenho um aluno que trabalha vendendo produtos pelo Mercado Livre, ele precisa estar a todo momento com celular ao lado para saber se foi realizada alguma venda em sua loja virtual. Acontece que ele estuda com celular piscando notificações a todo momento, gerando pausas e mais pausas durante os estudos.

Fizemos um primeiro simulado, resultado foi um desastre de 80 questões acertou 24. Conversei com ele e percebi que ele estudava sem ter atenção, sua mente estava acostumada a focar no celular, foi então que resolvemos fazer um teste, durante uma semana ele estudaria sem a necessidade de acompanhar as vendas, pois as mesmas seriam acompanhadas pelo seu irmão. Realizamos um segundo simulado, de 80 questões ele teve 69 acertos. Perceba, a evolução de uma semana com um simples ajuste.

Quanto mais atenção no estudos, maior será o seu resultado.

Atenção Plena (MINDFULLNESS)

Você já ouviu falar na técnica da Atenção Plena ou Mindfulness?

Trata-se de uma nova forma de meditar, de deixar a mente divagar e depois trazê-la de volta. A técnica do mindfulness procura reduzir o chamado "piloto automático" tão constante nos dias atuais.

Segundo Jon Kabat-Zinn, um dos responsáveis pela "ocidentalização" das práticas de mindfulness com foco na saúde, "Mindfulness é a simplicidade em si mesmo. Trata-se de parar e estar presente. Isso é tudo".

Para se "experimentar" e vivenciar o momento presente podem ser utilizadas as práticas ou exercícios de mindfulness, baseadas no treinamento da atenção plena por meio de algumas "âncoras" para a observação consciente, como a própria respiração, ou as sensações e movimentos corporais.

Sugiro entrar no site **www.mindfulnessbrasil.com** e realizar a técnica dos 3 minutos de mindfulness disponível gratuitamente.

Fabio Silva

CAPÍTULO 7
MEMORIZAÇÃO

A mente humana é capaz de realizar grandes feitos, desde que seja devidamente treinada para isso. Qualquer pessoa pode desenvolver altas capacidades cognitivas que permitirão ao ser humano o alcance de coisas inimagináveis.

Neste capítulo, iremos aprender as principais técnicas de memorização, bem como, as armadilhas da mente que podem prejudicar o seu empenho na arte de memorizar.

Vamos entrar em um ponto que talvez seja um dos mais importantes deste livro, mas primeiramente devemos entender um pouco como funciona a nossa mente. Nada muito técnico, não é esta a minha intenção, mas uma abordagem básica para facilitar o entendimento das técnicas apresentadas.

Nossa mente possui um filtro que armazena tudo aquilo que é importante em compartimentos, estes compartimentos estão organizados em níveis de memória (curta, média e longa). Acontece que a mente promove um filtro daquilo que é ou não importante. Aquilo que considera importante, ela armazena para fácil acesso, mas aquilo que considera desnecessário ela descarta colocando no lixo do nosso cérebro, muitas das vezes incessável.

Aposto que você quer me perguntar: Fábio, como armazeno tudo na memória de média e longa duração?

A resposta é muito simples, basta você mostrar para sua mente que você a controla e não ela a você, mostre que você que definirá onde armazenar as informações estudadas. **Devemos agir como líder da mente, transmitindo ordens diárias para a mente determinando como ela deve agir.**

Com falecimento de Albert Einstein aos 76 anos em 1955, houve um grande alvoroço entre a comunidade científica para estudar o cérebro mais famoso do século XX. Todos criaram uma expectativa de encontrar um supercérebro, mas a decepção foi grande, o cérebro de Einstein tinha um tamanho 10% menor que a média da população e nada muito significativo foi encontrado nele, resumindo, era um cérebro normal.

O que tornava Einstein anormal, era a forma que ele comandava sua mente, ele enfrentava o desconhecido e não desistia, mandava comandos mais e mais para sua mente, nenhum problema poderia fica sem solução, passava dias, meses e anos estudando novas possibilidades para tudo. Einstein foi grande graças a sua determinação.

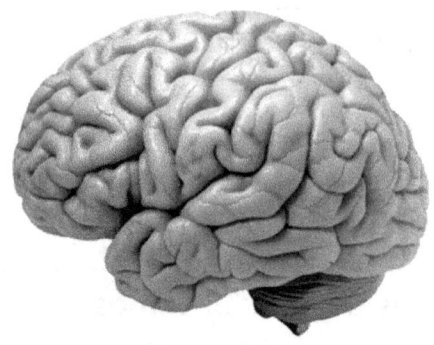

Recentemente, uma jovem matemática indiana foi submetida a uma demonstração de potência da mente humana. Foi pedido para que ela respondesse o resultado da multiplicação de dois números, cada um com 32 dígitos, sendo o resultado um número com 64 dígitos que ela respondeu em segundos.

Alguns de vocês vão pensar, *"Nossa que menina inteligente! Deve ter bons genes, ela é um caso isolado de 1 dentre milhões de pessoas com uma mente superdotada"*. Agora, ao invés de se questionar desta maneira, que tal se fazer a seguinte pergunta: você já treinou a sua mente para ter a habilidade de memorizar mais e mais as coisas?

Muitos de vocês concurseiros, só pensam em limitações, consequentemente terão uma mente limitada. O que mais encontro são alunos dizendo a todo instante: *"Tenho uma memória péssima" "Não consigo decorar nada!" "Leio e esqueço imediatamente."*

Enquanto continuar enviando estes comandos para a sua mente, você não vai mudar e nem evoluir.

O que você precisa é treinar a sua mente, não existe fórmula mágica para possuir um supercérebro, mas existe um caminho longo e duradouro de determinação e muita força de vontade para progredir dia após dia.

Grave esta frase, ela é de extrema importância para sua aprovação:

"O controle da mente é a porta para sua aprovação e para um novo futuro".
Fábio Silva

Você precisa limpar a sua mente de qualquer comando ligado a limitação ou negatividade. Vamos, a partir de hoje, deixar de sermos pessoas autodestrutivas, vamos utilizar todas as nossas forças para atingirmos a plena capacidade de memorizar e aprender tudo que desejarmos: ASSUMA O CONTROLE.

Fabio Silva

O Sono e os Estudos

Vários estudos provaram que o cérebro é extremamente ativo durante o sono, embora esta atividade ainda seja um grande mistério. Agora, posso afirmar que dormir é importante para a memorização.

Conheço muitos concurseiros que pensam diferente, procuram evitar o sono, passar noites sem dormir através de energéticos, café ou até mesmo o famoso Chá Verde Matcha.

O que quero explicar é que: **dormir ajudará a mente a guardar as informações adquiridas no decorrer de um dia de estudos**, será neste momento que ela entrará em equilíbrio e sintonia.

Entenda que é no sono profundo, quando acontecem os sonhos, que as coisas que foram aprendidas durante o dia serão processadas e armazenadas. Se dormir menos que o necessário, seu sistema de aprendizado não será adequadamente processado e você não conseguirá transformar em conhecimento aquilo que foi aprendido.

Resumindo, aquilo que você estudou durante todo o dia em uma noite mal dormida, será descartado pois a mente não conseguirá fazer o filtro necessário para organizar as informações.

Em outras palavras: **se alguém não dorme o tempo necessário, terá muita dificuldade para aprender e acessar as informações estudadas.**

Riscos provocados aos concurseiros que evitam um rotina de sono:

- Cansaço e sonolência durante o dia,
- Irritabilidade,
- Alterações repentinas de humor,
- Perda da memória de fatos recentes,
- Comprometimento da criatividade,
- Redução da capacidade de planejar e executar,
- Lentidão do raciocínio,
- Desatenção
- Dificuldade de concentração.

Talvez muitos dos problemas que você esteja sentindo no seu corpo, estejam exatamente ligados a falta de sono. **Dormir é tão importante quanto estudar.**

Não estou dizendo que você deve obrigatoriamente dormir 8 a 10 horas por dia, mas encontrar um equilíbrio. Na época de concurseiro sempre utilizei um mínimo 6 horas de sono.

Agora, não existe uma fórmula pronta, existem pessoas que com apenas 4 horas de sono noturno conseguem um ótimo desempenho e não apresentam nenhum tipo de cansaço durante o dia. Minha sugestão é que você procure encontrar o seu ritmo de sono necessário para um bom desempenho.

Ansiedade (Sofrimento por antecipação)

Grande mal da sociedade moderna, sendo chamado pela psiquiatria de sofrimento por antecipação, acontece quando uma pessoa sofre mentalmente por alguma coisa que ainda nem aconteceu.

Ansiedade está totalmente ligada:

- Medo,
- Apreensão,
- Mal-estar,
- Desconforto,
- Insegurança,
- Estranheza de si mesmo,
- Sensação que algo desagradável vai acontecer a qualquer momento.

Trata-se de uma falsa realidade futura que muitos concurseiros sofrem e são extremamente prejudicados, tudo pelo fato de injetar comandos negativos na mente: *"não vou passar," "não estou preparado", "não vai dar certo" etc*.

Tais pensamentos criam um verdadeiro bloqueio mental, concurseiros com graves crises de ansiedade, não conseguem acertar questões "bobas" durante as provas de concursos públicos.

A mente cria o medo e consequentemente a ansiedade, mas saiba que é a própria mente pode desfazer o mesmo medo e a ansiedade.

Minha sugestão para vencer a ansiedade: **basta vencer o medo, não deixe que ele tome conta de você.** Medo é sinônimo de vergonha e de culpa, deixa você incapacitado para tomar iniciativas, uma pessoa com medo, se sente fraca demais para lutar contra ele e cada vez mais ele vai aumentando como uma bola de neve. Tome muito cuidado, pensamentos que geram medo são extremamente convincentes.

Sempre passo estas 10 dicas para alunos com algum tipo de ansiedade:

1. Pratique atividades físicas.

2. Reduza seu estresse diário: Ioga é uma boa alternativa.

3. Experimente controla a respiração: faça a técnica do Mindfulness.

4. Evite pensamentos negativos.

5. Coma alimentos com tripofano: tratam-se de alimentos com fonte de serotonina, como

banana e chocolate, você pode também ingerir em cápsulas de vitamina B6 e magnésio, tudo totalmente natural e sem a necessidade de prescrição médica. Para casos mais graves de ansiedade, a taurina e a glutamina, ajudam o Gaba, neurotransmissor que o organismo utiliza para controlar fisiologicamente a ansiedade, contudo, tais substâncias necessitam de avaliação médica.

6. Utilização de Chás: camomila e valeriana são os mais indicados.

7. Mantenha o foco no presente: jamais fique pensando no futuro, ele ainda não aconteceu e você através de suas ações que irá determinar o que vai acontecer na sua vida.

8. Seja mais organizado: quem vive na bagunça sempre andará nervoso e isto aumentará a sua ansiedade.

9. Sempre converse: não guarde sentimentos, fale com alguém que você ama e confia (família, amigos, relacionamentos etc).

10. Confie mais em si mesmo: ninguém passar mais tempo ao seu lado do que você mesmo, por isso, invista nesta parceria, seja fiel a você.

Frases para os ansiosos, toda vez que surgir um pensamento de medo:

"Estou pensando negativo de novo. Eu criarei o meu futuro. Eu determino o que deve acontecer na minha vida. Não acredito nesses pensamentos negativos, não os aceito. "

Técnica do Sumário (ou Índice)

Feita toda esta introdução, vamos para a primeira técnica de memorização.

O que todo concurseiro mais procura é uma forma de armazenar as informações na memória de média ou longa duração ou acessar facilmente assuntos estudados, correto?

Existe uma forma de informar para a mente que determinada informação é importante e que precisaremos dela em determinado momento, para que isso aconteça devemos criar o que chamo de CAMINHO DO ARMAZENAMENTO.

Vamos entender como funciona esta técnica da seguinte maneira. Imagine que um documento esteja armazenado no armário 3, gaveta 7, pasta C, caso você venha a seguir este caminho no momento da procura pelo documento facilmente o encontrará.

Todavia, vamos imaginar que a única informação que você possuirá é que o documento se encontra no armário 3, não temos dúvida que você demorará algum tempo para encontrar documento, pois terá que procurar em todas as gavetas e pastas do armário informado.

A mesma coisa acontece com nossa mente, armazenamos as informações de forma aleatória, sem informar no momento dos estudos um caminho, por isso a dificuldade em acessar os assuntos estudados.

Que tal fazermos um teste?

Vou falar apenas uma palavra referente a um tópico de uma disciplina muito cobrada em concursos públicos: Enunciativo.

Agora responda:

> *Que disciplina esta palavra tem relação?*
> *Qual o assunto?*
> *O que significa esta palavra?*

Vocês que já estudaram este assunto estão procurando na mente o significado de tal expressão, sendo que muitos outros estão com uma sensação de que já ouviram ou leram tal tópico, mas não sabem conceituar.

É justamente isso que não acontece durante a prova do concurso público. Devemos ler as questões e rapidamente acertar a alternativa correta, mas para que isso aconteça, os caminhos para aquilo que estudamos devem estar bem definidos, sendo que isso você só vai conseguir aplicando a técnica abaixo:

Chegou a hora da mágica para você conseguir memorizar todo e qualquer assunto estudado para poder acessá-los de forma surpreendente.

Minha primeira dica é a seguinte, **em todos os assuntos, procure estudar primeiramente o sumário, ou seja, os tópicos**. Não entre no estudo dos conceitos e explicações sem antes passar por esta fase.

Vou exemplificar utilizando a disciplina Direito Administrativo no assunto Atos Administrativos, o sumário seria o seguinte:

1. Conceito de Atos Administrativos
2. Diferença de Atos Administrativos e Atos da Administração
3. Elementos dos Atos Administrativos
a) Competência
b) Forma
c) Finalidade
d) Motivo
e) Objetivo
4. Classificação dos Atos Administrativos
5. Espécies de Atos Administrativos
a) Normativos
b) Ordinatórios
c) Negociais
d) **Enunciativos**

e) Punitivos
6. Extinção dos Atos Administrativos
7. Convalidação dos Atos Administrativos

Somente após estudar o sumário, que você deve avançar nos estudos dos conceitos de cada um dos tópicos. Perceba que desta forma você já está criando uma sequência e ensinado a sua mente o caminho a ser seguido em busca de daquela informação estudada.

Em nosso exemplo acima, apenas a leitura da palavra ENUNCIATIVO, fará com que você imediatamente raciocine: **Direito Administrativo > Atos Administrativos > Espécies de Atos Administrativos > Atos Enunciativos > Conceito.**

O que quero explicar é que você provavelmente está estudando de forma errada, se preocupando primeiramente em estudar conceitos dos assuntos, explicações, esquemas, macetes, mapas mentais, sem se preocupar com o caminho, sendo este o mais importante.

Então seus passos para uma melhor memorização será a seguinte:

1ª **FASE**: Estude primeiramente o sumário do assunto a ser estudado, procure memorizar ao ponto de saber ponto a ponto do assunto. Imagine um sobrevoo por todo o assunto. Conheça primeiramente o terreno onde será a sua batalha. Não passe para próxima fase sem antes ter realizado a memorização de todo o sumário da disciplina.

2ª **FASE**: Somente depois do primeiro passo você passará para o estudo dos conteúdos. Neste passo você vai aterrissar e analisar os assuntos de forma detalhada e aprofundada.

Posso dizer que muitos de vocês pagariam altos valores para ter uma boa memoria, mas eu garanto, aplique esta simples dica acima que rapidamente você terá resultados surpreendentes.

Técnica da Associação (Ligação Mnemônica)

Vamos avançar, aprenda o seguinte, **não existe memória fraca ou forte, boa ou ruim, o que existe é memória treinada e não treinada**. Muitos concurseiros possuem uma memória treinada para recordar facilmente de textos lidos e outros treinados para trabalhar facilmente com números.

Apenas entenda que uma boa memorização está totalmente ligada ao quanto de atenção você está colocando sobre os estudos.

Vou fazer uma pergunta para você: Sem olhar, caso esteja com relógio de pulso, os números são em algarismo arábico ou romano?

Certa ou não a resposta, você olhou o relógio para confirmar.

Outra pergunta: Você sabe me dizer exatamente a hora que marcava?

Provavelmente não, apesar de ter acabado de olhar. No quesito horário você apenas olhou, mas descartou o que não seria importante, pois o que foi pedido era apenas observar os números das horas.

A chave para aplicação da Técnica da Associação é OBSERVAÇÃO.

Associação consiste em ligar observações umas nas outras, quando conseguimos nos lembrar de algo é porque associamos a outra informação qualquer. Exemplo, um lugar pode lembrar uma pessoa, uma comida uma confraternização em família, um cheiro a um acontecimento.

Me diga uma coisa, se eu pedir para você sem qualquer consulta, desenhar o mapa da Inglaterra, da China ou da França, será que você consegue?

Provavelmente não, mas se pedir que você desenhe o mapa da Itália, muitos desenhariam imediatamente uma bota.

Os que acertaram que a Itália parece uma bota, em alguma ocasião da vida, observaram que o mapa da Itália parece uma bota e assim fizeram uma associação, tornando tal informação praticamente inesquecível. A simples associação fez você memorizar algo provavelmente para o resto da sua vida.

Agora para avançarmos me prometa que nunca mais irá falar: *"TENHO PÉSSIMA MEMÓRIA"*, pois isso atrapalhará e muito nosso processo de aplicação da técnica, pois a mente faz o que mandamos que ela faça, a partir de hoje falaremos: TEREI UMA MEMÓRIA TREINADA.

Vejamos alguns exemplos de aplicação da ligação mnemônica:

ESPÉCIES DE ATOS ADMINISTRATIVOS:

- Normativos,
- Ordinatórios,
- Negociais,
- Enunciativos
- Punitivos.

MNEMÔNICO: N. O. N. E. P.

ELEMENTOS DO ATO ADMINISTRATIVO:

- Competência,
- Finalidade,
- Forma,
- Motivo
- Objeto

MNEMÔNICO: CO. FI. FO. M. OB.

ATOS ADMINISTRATIVOS QUE NÃO PODEM SER DELEGADOS:

Lei 9784/99 - Art. 13. Não podem ser objeto de delegação:
I - a edição de Atos de caráter NOrmativo;
II - a decisão de Recursos Administrativos;
III - as matérias de competência EXclusiva do órgão ou autoridade.

MNEMÔNICO: ANO RAD EX

HIPÓTESES DE VACÂNCIA NO SERVIÇO PÚBLICO: ART. 33 LEI 8112/90

- I - exoneração;
- II - demissão;
- III - promoção;
- VI - readaptação;
- VII - aposentadoria;
- VIII - posse em outro cargo inacumulável;
- IX - falecimento.

MNEMÔNICO: PEDRA FDP

CAPUT DO ARTIGO 5º. DA CONSTITUIÇÃO FEDERAL

Art. 5º Todos são iguais perante a lei, sem distinção de qualquer natureza, garantindo-se aos brasileiros e aos estrangeiros residentes no País a inviolabilidade do direito:

- À vida,
- À liberdade,
- À igualdade,
- À segurança e
- À propriedade,

MNEMÔNICO: VILPS

SALÁRIO MÍNIMO (art. 7°, IV, CF)

IV - salário mínimo, fixado em lei, nacionalmente unificado, capaz de atender a suas necessidades vitais básicas e às de sua família com moradia, alimentação, educação, saúde, lazer, vestuário, higiene, transporte e previdência social, com reajustes periódicos que lhe preservem o poder aquisitivo, sendo vedada sua vinculação para qualquer fim;

- Vestuário
- Educação
- Lazer
- Higiene
- Alimentação
- Saúde
- Transporte
- Previdência social
- Moradia

MNEMÔNICO: VELHAS na TPM

Competência legislativa privativa da União conforme art. 22, I da CF

- C – Civil
- A – Agrário
- P – Penal
- A – Aeronáutico
- C – Comercial
- E – Eleitoral
- T – Trabalho
- E – Espacial
- P – Processual
- M – Marítimo

Mnemônico: CAPACETE de PM

Perda ou suspensão de direitos políticos

Art. 15. É vedada a cassação de direitos políticos, cuja perda ou suspensão só se dará nos casos de:

- R – recusa a cumprir obrigação a todos imposta ou prestação alternativa
- I – improbidade administrativa
- C – cancelamento da naturalização
- C – condenação criminal
- I – incapacidade civil absoluta

Mnemônico: RICCI

S.T.F. (Supremo Tribunal Federal) – Somos Time de Futebol – time de futebol tem quantos jogadores? 11 ministros.

S.T.J (Superior Tribunal de Justiça) – Somos Todos de Jesus – com quantos anos Jesus morreu? 33 ministros.

T.S.T (Tribunal Superior do Trabalho) – Trinta Sem Três – esse é matemática, trinta sem 3 é? 27 ministros.

T.S.E. (Tribunal Superior Eleitoral) – pega o T e põe depois do E! Faz o que? SET isso mesmo, 7 ministros.

S.T.M (Superior Tribunal Militar) – Somos Todas Moças – com quantos anos as meninas viram mocinhas? 15.

Princípios Constitucionais da Adm. Pública: Art. 37

- Legalidade
- Impessoalidade
- Moralidade
- Publicidade
- Eficiência

Mnemônico: L I M P E.

Objetivos Fundamentais da RFB: Art. 3º

CON – CONstruir uma sociedade...
GAR – GARantir...
ERRA – ERRAdicar a pobreza...
P – Promover o bem de todos...

Mnemônico: Se você tiver "garra" vai errar pouco...
Daí eu pensei: CON GARRA ERRA POUCO...

Cláusulas Pétreas – Art. 60, Parágrafo 4º.

As cláusulas pétreas constituem o núcleo intangível da Constituição Federal, não podem ser excluídas do ordenamento constitucional;
FO – forma federativa de Estado
VO – voto direto, secreto, universal e periódico
SEPAROU – Separação de poderes
DIREITOS – Direitos e garantias individuais

Mnemônico: Foi Você que SEPAROU os DIREITOS?

Mapas Mentais e Tabelas Comparativas

Você sabia que a memória está extremamente ligada a imagens, esquemas e organogramas?

A mente tem muita facilidade para armazenar imagens, mais do que letras e números. Preste atenção como fica mais fácil estudar com mapas mentais e tabelas. Exemplos abaixo são relacionados ao estudo da Lei 8.112/90:

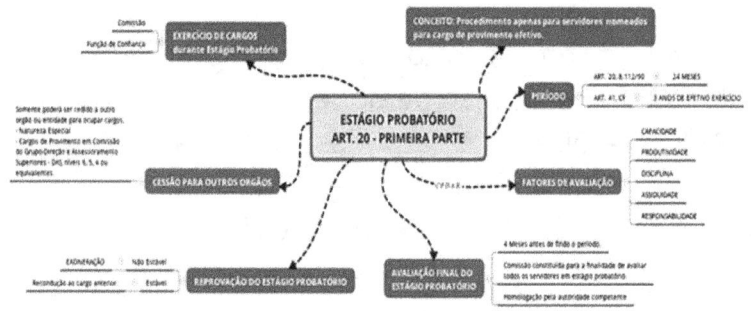

PROVIMENTOS	VACÂNCIA	PROVIMENTOS E VACÂNCIA AO MESMO TEMPO	PROVIMENTOS INCONSTITUCIONAIS	NÃO SÃO NEM FORMAS DE PROVIMENTO E NEM DE VACÂNCIA
NOMEAÇÃO	EXONERAÇÃO	PROMOÇÃO	ACESSO	POSSE
PROMOÇÃO	DEMISSÃO	READAPTAÇÃO	TRANSFERÊNCIA	EXERCÍCIO
	FALECIMENTO			DISPONIBILIDADE
READAPTAÇÃO	APOSENTADORIA			REMOÇÃO
REVERSÃO	READAPTAÇÃO			SUBSTITUIÇÃO
	PROMOÇÃO			LICENÇAS
REINTEGRAÇÃO	POSSE EM OUTRO CARGO INACUMULÁVEL			
RECONDUÇÃO				
APROVEITAMENTO				

Fabio Silva

CAPÍTULO 8
PRINCÍPIO DO 80/20

Um dos grandes erros dos concurseiros é perder tempo estudando matérias que pouco caem em concursos públicos e deixando de aprofundar-se naquelas que são de fato as mais importantes em uma prova. Neste capítulo, você vai aprender como funciona o Princípio do 80/20 e porque ele deve ser uma das primeiras coisas a serem aplicadas quando você decide estudar para um concurso.

Tive conhecimento deste princípio do 80/20 depois de ler o livro: "O princípio 80/20 - Os Segredos para conseguir mais com menos nos negócios e na vida" – Richard Koch.

Trata-se de uma ideia comprovada pelo economista Pareto, justo por isso, o princípio do 80/20 também é chamado de Princípio do Pareto, que descobriu que a riqueza não era uniformemente distribuída entre as pessoas, que 80% das riquezas de um país estava nas mãos de 20% da população, depois observou que a prática de crimes não era proporcionalmente distribuída, que 80% dos crimes eram sempre praticados pelas mesmas pessoas, percebeu que 20% dos produtos das empresas correspondem a 80% dos lucros e por dezenas de exemplos práticos que nada é proporcional como sempre pensamos ser.

O que o princípio do 80/20 nos ensina é que não existe 50/50, tudo é desproporcional.

Apliquei a relação deste princípio aos concursos públicos e o resultado foi surpreendente: apenas 20% a 30% dos conteúdos programáticos correspondem a 80% das questões cobradas. Resumindo, existem assuntos que estatisticamente são extremamente mais cobrados.

A tendência de todo concurseiro é achar que tudo do conteúdo programático vai constar na prova, puro equívoco. Lógico o ideal é fechar um edital, estudando todo ele.

Acontece que não fazemos um mínimo de pesquisa para saber quais os assuntos mais cobrados, gerando com isso, a possibilidade de perdermos nosso valioso tempo de estudos com assuntos que não são ou nunca foram cobrados, apesar de constarem no conteúdo programático de determinado concurso, ou seja, uma grande quantidade de esforço para pouco resultado. Na minha teoria, pouco esforço pode gerar um grande resultado.

Não estou aqui afirmando que devemos selecionar apenas alguns assuntos mais cobrados e estudar apenas eles, pela minha experiência, **a principal dica é iniciar os estudos pelos assuntos mais cobrados, fixar bastante o conteúdo de tais tópicos e somente depois partir para os demais pouco cobrados.**

Vamos selecionar os assuntos e disciplinas mais cobrados e focar neles, não vamos poder errar nada de tais assuntos, serão nossos ovos de ouro.

Então a pergunta é: para cada disciplina onde estão os 20% a 30% de assuntos mais cobrados?

Estou oferecendo para você um verdadeiro atalho para a aprovação, ou seja, alcançar o objetivo de ser aprovado com pouco esforço, selecionando os assuntos mais importantes do seu conteúdo programático e buscar a excelência nos mesmos.

Posso sugerir mais uma coisa que o princípio do 80/20 pode te ajudar? Resolva os 20% daquilo que mais de atrapalha na sua preparação para concursos públicos que você terá 80% de aumento de produtividade. Garanto para você que isso vai acontecer.

Agora a pergunta que você deve estar doido para obter uma resposta: COMO CHEGAR NESSES 20%?

Sempre indico o site o **Qconcursos** (www.qconcursos.com.br), considerado o maior site de questões do país, com mais de 700 mil questões.

Você pode utilizar filtros para que a plataforma separe as questões. Utilizando como exemplo os filtros abaixo, observe os resultados do número de questões encontradas:

Filtro: Direito Constitucional > Poder Executivo > CESPE – 355 questões encontradas.
Filtro: Direito Constitucional > Poder Judiciário > CESPE – 234 questões encontradas.
Filtro: Direito Constitucional > Poder Legislativo > CESPE – 571 questões encontradas.

Perceba que no assunto Poder Legislativo há uma total discrepância em relação aos outros assuntos, ou seja, a probabilidade de constar mais questões de poder legislativo do que poder executivo e judiciário é grande.

Tal análise nos dá um norte, um caminho por onde devemos começar a estudar, já imaginou utilizar esta técnica em todos os tópicos do seu conteúdo programático, você terá uma análise completa do que provavelmente será cobrado na sua prova. Não é sorte descobrir o que "cai" na prova, mas estatística e probabilidade.

Apesar desta técnica se encontrar no final do livro, a sua aplicação deve ser a primeira coisa que todo concurseiro deve fazer, antes mesmo de iniciar os estudos.

CAPÍTULO 9
EMOCIONAL

Montar um planejamento e organização adequados por parecer fácil, mas controlar as emoções é extremamente difícil. Porém é impossível entrar neste ramo de concursos públicos com as emoções abaladas.

Neste capítulo irei tentar dar um choque de lucidez, um choque de inteligência, pois viver estressado, nervoso, ansioso, esgota nossa mente e nos impede de estudar como deveríamos.

O cérebro precisa estar completamente relaxado para conseguir cumprir suas tarefas cognitivas: memorização, concentração, velocidade de acesso à informação e raciocínio.

Na minha visão a maior especialidade de todo concurseiro é se estressar com tudo, política, religião, família, futebol etc. Muitos ainda consomem tamanha informação que contaminam a mente, como por exemplo, as redes sociais.

Sempre pergunto nas salas de aulas se os alunos gostariam de viver dentro de casa com uma lata enorme de lixo, com alimentos podres e estragados, claro que 100% dos alunos respondem que não. Acontece que colocamos para dentro de nossas mentes muito lixo psíquico, besteiras e mais besteiras que cansam a mente tornando cada vez mais pessimista, inseguro e mal-humorado.

Qual a emoção que você deletaria da sua vida de concurseiro?

Timidez
Insegurança
Autopunição
Sentimento de culpa
Sentimento de vingança
Complexo de inferioridade
Ciúme
Falta de autoestima
Fobias
Irritabilidade
Dificuldades com outras pessoas
Angústia
Impulsividade
Ansiedade
Depressão
Mau humor
Pessimismo
Transtorno alimentares
Dependência química
Coitadismo
Egocentrismo
Individualismo
Solidão social
Inveja sabotadora

Sofrimento por antecipação
Cobrança excessiva
Autocobrança

Você se identificou com algumas das emoções acima?

Quem tem medo de analisar suas emoções negativas é porque tem um fantasma dentro de sua mente e tem medo de enfrentá-lo.

Você que pulou este exercício será aterrorizado por toda a sua vida.

Não só as drogas viciam o seu humano, mas emoções negativas também e se livrar de vícios é muito difícil, mas não impossível.

Então vamos ao primeiro passo para um emocional forte:

PASSO 1: Entenda que concurso público se ganha primeiro na mente.

Um concurseiro pode até saber todo o assunto, ter revisado várias e várias vezes, ter resolvido centenas de questões, mas na prova se não controlar seu emocional, não conseguirá acessar as informações de forma rápida e direta, para que isso aconteça basta surgir um pouco de medo na sua mente.

Então não tenha medo de ser reprovado, fique tranquilo, se você durante a preparação deu o seu melhor, se você cumpriu todas as metas, seguiu o planejamento, entenda que mesmo que não alcance um bom resultado, você deu o seu melhor.

Ninguém vence sem derrotas, geralmente o que sobem ao pódio não são os mais hábeis ou inteligentes, mas os mais perseverantes. Sempre falo que concurso público é mais persistência do que qualquer outra coisa.

Você pode estar parado em determinado nível de estudos por que tem medo de ser reprovado.

Medo gera o chamado ESPETÁCULO DO TERROR, paralisa o concurseiro e amordaça suas habilidades.

Então faça o seguinte:

Digamos que você foi mal em determinado concurso público, mas entendeu os pontos que foram cruciais para que isso tivesse acontecido, ficou tranquilo e está preparado para corrigir os erros e seguir a vida.

Analisar uma reprovação de outra forma, com certeza absoluta bloqueará a sua mente para os próximos concursos, pois estará nervoso e ansioso.

PASSO 2: Não seja vítima

Concurseiro adora ser vítima, sentimento cada vez mais forte dentro das pessoas, colocam problema em tudo, são pessoas sem confiança interior, justo por isso procuram comportamentos destrutivos e cancerosos para não buscar seus objetivos.

São comportamentos típicos de Concurseiros Vítimas:

- Críticas contra tudo e contra todos
- Reclamações constantes
- Comparações
- Concorrência
- Brigas

Entenda que a vitimização joga fora nosso futuro, pois concurseiros vitimizados são reféns de seus pensamentos envenenados pela falta de confiança, pois nunca alcançará um alto nível de preparação.

Mas Fábio, como faço para eliminar este sentimento de vitimização?

Vitimização gera procrastinação, indisciplina, frustração, tristeza, desmotivação, falta de foco, falta de concentração e FALTA DE SEGURANÇA.

Pronto, encontramos o ponto mais importante deste tópico, quanto mais SEGURANÇA, menos vítima você se sentirá. De todas as falhas, 90% são geradas pela insegurança.

Agora, você que não se considera um concurseiro vítima, posso dizer uma coisa, só tome cuidado, vitimização é contagioso, fique perto de uma pessoa que passa o dia todo reclamando, com certeza você se sentirá emocionalmente abalado.

PASSO 3: Renuncie à necessidade de ser perfeito

Muitos concurseiros não admitem erros, quando erram uma questão ficam totalmente descontrolados e nervosos.

Entenda que uma pessoa que não admite qualquer tipo de erro se torna uma bomba-relógio. Não procure ser 100% perfeito, ninguém vai conseguir isso, apenas tente cumprir com suas promessas.

PASSO 4: Cumpra com suas metas

Já falamos sobre metas e objetivos e um concurseiro que não consegue cumprir as promessas que ele faz com ele mesmo, não merece alcançar a aprovação.

CONCLUSÃO

Fico extremamente feliz por você ter acompanhando todas as orientações deste livro. Espero sinceramente que você tenha descoberto a minha principal intenção com a sua produção: ajudar você concurseiro a obter respostas.

Tenho a certeza absoluta que após a leitura deste livro você vai entrar na melhor fase da sua vida como concurseiro. Não tenha dúvida, aplique todos os ensinamentos que o seu tempo de aprovado está cada muito perto.

Acorde todos os dias e diga: Hoje vou dar o MEU MELHOR nos estudos! Não serei concurseiro por muito tempo, minha aprovação está cada vez mais perto.

Acredito que você tenha capturado todas as considerações, técnicas e informações necessárias para tornar você um concurseiro anormal, pois o normal é ser um concurseiro medroso, ansioso e principalmente negativo, coisa que você hoje não deve mais ser.

Os concurseiros que mais tem sucesso são aqueles que acreditam no seu potencial, pois aquele envenenado pela falta de confiança é um suicida no mundo dos concursos, haja vista nunca alcançará a aprovação.

Faça dos ensinamentos ministrados neste livro uma verdadeira rotina, um hábito, pois só assim você estará entre os primeiros colocados no concurso público dos seus sonhos.

Por fim, finalizo com a Oração dos Alcóolatras Anônimos, também aplicada aos concurseiros:

> *"Senhor, dai-me a serenidade*
> *De aceitar o que não posso mudar,*
> *A coragem para mudar o que posso mudar*
> *E a sabedoria para saber a diferença."*

Lembre-se: Não há fracassos e sim experiências de aprendizado que podemos aproveitar para o futuro.

Sucesso!

Fabio Silva

SOBRE O AUTOR

Meu nome é **Fábio Silva**, marido de Anne Louise e pai da Valentina Silva, atualmente exerço a profissão de Delegado de Polícia Civil no Estado do Amazonas, entretanto já logrei aprovação em outros concursos públicos, como por exemplo para Analista do Tribunal de Justiça do Amazonas.

Ministro aulas para concursos públicos há mais de 10 anos nas disciplinas direito administrativo e constitucional, bem como legislações especiais.

Conto com milhares de concurseiros nas redes sociais, onde ministro aulas e dicas gratuitamente:

Canal Youtube:
https://www.youtube.com/user/souconcurseiro1

Instagram:
@souconcurseiro ou @deltafabiosilva

Facebook:
https://www.facebook.com/souconcurseiroevoupassarcursos

Minha maior missão como professor nesta vida de concursos públicos é motivar meus alunos no sentido que é possível alcançar a aprovação, que existe um novo futuro após está tempestade na sua vida chamada: preparação para concurso público.

Grande abraço!

Professor Fábio Silva
contato@souconcurseiroevoupassar.com

Sobre a Casa do Escritor

A Casa do Escritor é uma consultoria que presta serviços e auxilia escritores no processo de autopublicação e divulgação de seus livros. Conheça os livros publicados e saiba mais em **casadoescritor.com.br**

CASA DO
ESCRITOR

www.casadoescritor.com.br

www.ingramcontent.com/pod-product-compliance
Lightning Source LLC
Chambersburg PA
CBHW071301220526
45468CB00001B/220